LE CONTRAT D'ENGAGEMENT REPUBLICAIN

Logiques Juridiques

Fondée par Gérard Marcou

Dirigée par Jean-Claude Némery et Thomas Perroud

Le droit n'est pas seulement un savoir, il est d'abord un ensemble de rapports et pratiques que l'on rencontre dans presque toutes les formes de sociétés. C'est pourquoi il a toujours donné lieu à la fois à une littérature de juristes professionnels, produisant le savoir juridique, et à une littérature sur le droit, produite par des philosophes, des sociologues ou des économistes notamment.

Parce que le domaine du droit s'étend sans cesse et rend de plus en plus souvent nécessaire le recours au savoir juridique spécialisé, même dans des matières où il n'avait jadis qu'une importance secondaire, les ouvrages juridiques à caractère professionnel ou pédagogique dominent l'édition, et ils tendent à réduire la recherche en droit à sa seule dimension positive. À l'inverse de cette tendance, la collection « Logiques juridiques » des éditions L'Harmattan est ouverte à toutes les approches du droit. Tout en publiant aussi des ouvrages à vocation professionnelle ou pédagogique, elle se fixe avant tout pour but de contribuer à la publication et à la diffusion des recherches en droit, ainsi qu'au dialogue scientifique sur le droit. Comme son nom l'indique, elle se veut plurielle.

Dernières parutions

Louis BASCO (dir.), *Inclusion et enseignement supérieur ?*, 2024.

Eric FÈVRE, *Comparaison du chef de l'Etat et du chef du Gouvernement en France et en Allemagne*, 2024.

Henri BOUILLON, *Droit de la laïcité*, 2024.

Nadine NAJEM, *Théorie des intérêts moratoires*, 2024.

Caroline PELOSO, *L'autorité de la chose jugée au pénal à l'égard des décisions européennes, Essai de droit comparé franco-italien*, 2023.

Pierre David

LE CONTRAT D'ENGAGEMENT REPUBLICAIN

Préface de Xavier Dupré de Boulois

L'Harmattan

Mémoire de recherche réalisé dans le cadre du Master II Droit public fondamental de l'Université Paris 1 Panthéon-Sorbonne (2022-2023)

Prix du meilleur mémoire en droit administratif décerné par l'Association Française pour la recherche en Droit Administratif (AFDA)

Le texte qui suit procède d'une actualisation de la version originale. Le propos est à jour des évolutions intervenues au 1er mai 2024.

*

* *

5-7, rue l'École Polytechnique, 75005 Paris
http://www.editions-harmattan.fr
ISBN : 978-2-336-46897-6
EAN : 9782336468976

REMERCIEMENTS

Mes remerciements s'adressent d'abord au Professeur Dupré de Boulois pour la grande qualité de sa direction, sa disponibilité et ses conseils avisés. Je tiens également à remercier très sincèrement le Professeur Gonod pour sa participation au jury de soutenance.

Mes remerciements s'adressent ensuite à ma mère, mon père, mes frères, mes grands-parents et à l'ensemble de ma famille sans qui je n'aurais tout simplement jamais pu étudier.

Qu'il me soit aussi permis d'exprimer ma gratitude envers Julie Pralus, à qui ce travail doit beaucoup.

Puissent également être remerciés mes amis et camarades de promotion qui, de près ou de loin, m'ont épaulé dans ce premier travail de recherche : Romane, Evie Keryhuel, Adèle Lejeune, Nora Mahfoud, Noémie Brugel, Corentin Brozille, Ronan Grégoire, Kévin Tréhin et Kévin Vallet notamment, ainsi que Marie Lapaire et Julien Lancelin pour leurs retours d'expérience et leurs encouragements.

Mes derniers remerciements s'adressent à l'ensemble des enseignants de l'Université Bretagne Sud et de l'Université Paris I Panthéon-Sorbonne qui ont su me transmettre le goût de la recherche en droit, et en particulier à l'équipe professorale du Master II Droit public fondamental pour la richesse des enseignements dispensés.

Une pensée toute particulière enfin, pour Marc, mon parrain.

PREFACE

Développement de la « technopolice », limitation de l'enseignement domestique, renforcement du cadre pénal de la manifestation, régulation des discours sur les réseaux sociaux, *etc.* : l'actualité juridique n'a de cesse d'illustrer la multiplication des outils mis à disposition des autorités de l'Etat pour maîtriser le corps social et surveiller les espaces publics, souvent au nom de la lutte contre le terrorisme. L'ouvrage de Monsieur Pierre David donne l'occasion de mieux connaître l'un d'entre eux : le contrat d'engagement républicain institué par la loi du 24 août 2021 confortant les principes de la République dite « loi séparatisme ». Il constitue l'un des dispositifs mis en place en vue d'accroître le contrôle sur le monde associatif. Il consiste à subordonner l'octroi aux associations de certains avantages (subventions, agrément, *etc.*) à la souscription d'un certain nombre d'engagements définis par un décret du 31 décembre 2021 et censés garantir le respect des principes républicains par la structure et ses membres. Cette création a suscité des réactions contrastées : certains ont pointé les menaces qu'elle fait peser sur la liberté d'association. Cette inquiétude s'est diffusée dans l'ensemble du monde associatif, et bien au-delà des associations dotées d'un objet politique ou religieux ; d'autres ont insisté sur l'innocuité d'un dispositif qui se serait borné à mieux organiser un contrôle déjà existant de l'Etat. Tous ont pointé les incertitudes liées à l'application de ce contrat. Le travail de Monsieur Pierre David vient donc à son heure. Alors que sa mise en œuvre en est encore à ses prémisses, ce travail de recherche s'attache à répondre aux interrogations soulevées par la loi et le décret de 2021 : le juriste s'interroge naturellement sur la nature juridique de ce contrat et sur son insertion au sein du régime juridique des associations tel qu'il résulte de la grande loi du 1er juillet 1901. De manière convaincante, et en faisant le détour par certains mécanismes en matière d'aide et d'action sociales, l'auteur rejette la qualification contractuelle. De son côté, le citoyen, juriste ou non, s'inquiète d'un affaiblissement d'une liberté, la liberté d'association dont la consécration fut tardive mais qui est aussi la plus commune des libertés collectives. Le travail de Monsieur Pierre David est de nature à rasséréner les plus inquiets en même temps qu'il n'occulte pas les risques que recèle ce nouveau dispositif. Il fait le constat que la loi et le décret n'attribuent pas véritablement de nouvelles prérogatives à l'autorité administrative, notamment en matière de politique de subventionnement. Elle avait déjà la possibilité de prononcer le retrait ou l'abrogation d'une décision de subvention dans des hypothèses similaires. Le législateur et le gouvernement auraient donc surtout eu pour ambition de sensibiliser les différents acteurs, monde associatif et collectivités publiques, sur l'existence de compétences préexistantes de l'administration. Mais ce constat rassurant ne doit pas abuser. La mise en place du contrat d'engagement républicain résonne aussi comme un signal adressé aux autorités publiques : elles sont invitées à faire preuve d'une vigilance renforcée à l'égard des associations qu'elles soutiennent d'une manière ou d'une autre. Force est de constater que le message n'est pas tombé dans l'oreille d'un sourd au regard de la pratique administrative. Les premières décisions mentionnant de supposés manquements au contrat ne sont en effet guère rassurantes. Le travail de Monsieur Pierre David issu d'un mémoire de recherche élaboré dans le cadre du Master « Droit public fondamental » de l'Université Paris 1 Panthéon-Sorbonne dirigé par notre collègue Pascale Gonod est donc d'une grande richesse. Elle a justifié l'attribution à son auteur du prix du meilleur mémoire de master 2 délivré par l'Association française pour la recherche en droit administratif en 2023.

Xavier Dupré de Boulois

Professeur à l'Université Paris 1 Panthéon-Sorbonne

PRINCIPALES ABREVIATIONS

a.	Autres
AJCT	Actualité juridique des collectivités territoriales
AJDA	Actualité Juridique Droit Administratif
ARUP	Association reconnue d'utilité publique
C. Civ.	Code civil
CAA	Cour administrative d'appel
CE	Conseil d'État
CEDH	Cour européenne des droits de l'Homme
CER	Contrat d'engagement républicain
CESDH	Convention européenne de sauvegarde des droits de l'Homme et des libertés fondamentales
CJA	Code de justice administrative
CNCDH	Commission Nationale Consultative des Droits de l'Homme
CNEN	Conseil National de l'Evaluation des Normes
Cons. const.	Conseil constitutionnel
CRPA	Code des relations entre le public et l'Administration
CRPR	Confortant le respect des principes de la République (Loi)
D.	Recueil Dalloz
DA	Droit administratif (Revue)
FRUP	Fondation reconnue d'utilité publique

HCVA	Haut Conseil à la Vie Associative
Ibid.	*Ibidem*
In	Dans
Infra	Ci-dessous
JA	Juris Associations
JCP	JurisClasseur Périodique (La Semaine Juridique)
JCP A	JurisClasseur Périodique, Administrations et collectivités territoriales
JO	Journal officiel de la République française
JS	Jurisport
L.	Loi
Leb.	Recueil des décisions du Conseil d'Etat (à partir de 1821)
Op. cit.	Opus citatum (ouvrage déjà cité)
Ord.	Ordonnance
RDC	Revue des contrats
RDLF	Revue des droits et des libertés fondamentaux [en ligne]
RevDH	La Revue des Droits de l'Homme [en ligne]
RFDA	Revue française de droit administratif
RFDC	Revue française de droit constitutionnel
s.	Suivants
Supra	Ci-dessus
TA	Tribunal administratif

SOMMAIRE

INTRODUCTION

PARTIE I : LE CONTRAT D'ENGAGEMENT REPUBLICAIN COMME OBJET JURIDIQUE

CHAPITRE I : L'OBJET DU CONTRAT D'ENGAGEMENT REPUBLICAIN

CHAPITRE II : LA NATURE DU CONTRAT D'ENGAGEMENT REPUBLICAIN

PARTIE II : LE CONTRAT D'ENGAGEMENT REPUBLICAIN COMME INSTRUMENT D'UNE POLITIQUE PUBLIQUE

CHAPITRE I : LA FINALITE DU CONTRAT D'ENGAGEMENT REPUBLICAIN

CHAPITRE II : LES LIBERTES ASSOCIATIVES AU DEFI DU CONTRAT D'ENGAGEMENT REPUBLICAIN

CONCLUSION GENERALE

Annexe – Le contrat d'engagement républicain

Bibliographie

Table des matières

INTRODUCTION

> « *La liberté d'association suppose pour les associations la faculté de naître et la possibilité de vivre* ».
>
> Paul NOURISSON

1. « L'administration, qui doit elle-même rendre des comptes aux citoyens, justifier du bon usage des deniers publics et de la reconnaissance qu'elle peut attribuer, est fondée à s'assurer que les organismes bénéficiaires de subventions publiques ou d'un agrément respectent le pacte républicain ». C'est en ces termes que l'annexe au décret du 31 décembre 2021, pris pour l'application de la loi *confortant les principes de la République*, justifie l'institution d'un « contrat d'engagement républicain »[1]. Selon les mots du ministre de l'Intérieur[2], ce contrat d'engagement est censé doter l'administration de moyens juridiques lui permettant de lutter contre les « idéologies » qui « gangrènent » le secteur associatif. Il singularise ainsi la nouvelle réplique de l'Etat

[1] Décret n° 2021-1947 du 31 décembre 2021 pris pour l'application de l'article 10-1 de la loi n° 2021-1109 du 24 août 2021.

[2] Ass. nat., XVe législature, session ordinaire de 2020-2021, séance du lundi 1er fév. 2021, 1ère séance [compte rendu disponible en ligne sur le site officiel de l'Assemblée nationale : www.assemblee-nationale.fr].

dans sa lutte non contre le terrorisme, mais contre ce qui en constitue le substrat.

2. Les récents attentats et les diverses attaques perpétrés au nom d'un islam radical ont considérablement affecté la société française et ses pouvoirs publics. Les multiples conséquences de ces agressions ont trouvé un écho de taille dans les politiques menées par les gouvernants qui se sont succédé depuis lors. Un certain nombre d'auteurs ont considéré l'année 2015 comme un tournant dans l'activité normative de l'Etat[3], ou, à tout le moins, comme un repère chronologique permettant d'étudier l'intensification d'une politique antiterroriste à l'œuvre depuis 2001[4]. Sollicités, les pouvoirs publics ont en effet largement répondu, sans jamais parvenir à endiguer totalement le phénomène terroriste[5].

3. A l'urgence des premiers temps, dont l'illustration la plus éclatante reste la mise en œuvre de l'état d'urgence en novembre 2015[6], s'est très rapidement mêlée une autre logique. Une logique qui concerne davantage le temps long

---

[3] V. parmi de nombreux écrits : HENNETTE VAUCHEZ (S.), *La démocratie en état d'urgence*, Seuil, coll. « Le compte à rebours », 2022, 181 p. ; LACAZE (M.), « La lutte contre le terrorisme ou la défaite du droit pénal », *in* FONSECA (D.) (dir.), *Logiques des législations antiterroristes. Entre reconfiguration et défiguration du droit ?*, Institut Francophone pour la Justice et la Démocratie, coll. « Colloques & Essais », t. 133, 2021, spéc. p. 80. Même page, v. la note n° 4 ; HECKER (M.), « Retour sur la "guerre contre le terrorisme" à la française », *Etudes*, 2018, n° 11, p. 33, ou encore HEBINGER (D.), « La sécurité et les libertés. L'adaptation de la législation antiterroriste française dans le contexte post-13 novembre 2015 », *Les Champs de Mars*, 2018, n° 31, p. 81.

[4] V. par ex. ALIX (J.) & CAHN (O.), « Mutations de l'antiterrorisme et émergence d'un droit répressif de la sécurité nationale », *RSC*, 2017, p. 845.

[5] Pour un éclairage panoramique sur l'étendue de la réponse de l'Etat face au terrorisme, v. not. BOURDON (P.) & BLANC (F.) (dir.), *L'Etat et le terrorisme*, Ed. de la Sorbonne, coll. « De Republica », 2018, 297 p.

[6] Décret n° 2015-1475 du 14 novembre 2015 portant application de la loi n° 55-385 du 3 avril 1955.

et qui repose sur l'idée de « prévenir » le passage à l'acte terroriste, au sens étymologique du terme, c'est-à-dire « devancer, empêcher en agissant par avance »[7]. En étendant les capacités et les pouvoirs de l'administration en matière de renseignements, la loi *renforçant la sécurité intérieure et la lutte contre le terrorisme* (dite « SILT ») constitue un exemple topique de ce mouvement. C'est une véritable tendance, puisque l'on remarque que les dispositifs s'accumulent davantage qu'ils ne disparaissent. Outre plusieurs ajouts, des expérimentations prévues par la loi SILT ont ainsi été pérennisées par la loi du 30 juillet 2021 *relative à la prévention d'actes de terrorisme et au renseignement*[8]. On peut évoquer, pour n'en donner qu'un aperçu, la pérennisation des mesures individuelles de contrôle administratif et de surveillance (dites « MICAS »), des périmètres de protection (qui permettent notamment d'étendre les pouvoirs de certains agents), ou encore les pouvoirs de fermeture des locaux destinés au culte, dont le champ d'application a d'ailleurs été étendu à cette occasion[9]. En ayant pour objectif d'assurer la sécurité nationale par la prévention de l'acte terroriste, ces textes tentent également de saisir la radicalisation

---

[7] V. les multiples définitions proposées pour ce terme par le Centre Nationale de Ressources Textuelles et Lexicales (CNRTL) [en ligne] & celle qu'en donne le dictionnaire en ligne de l'Académie française : « Venir avant quelqu'un ou quelque chose, devancer ». V. à ce propos, DUPRE DE BOULOIS (X.), *Droit des libertés fondamentales*, PUF, coll. « Thémis droit », 2024, 4ème éd., § 27.

[8] Sans oublier que la loi n° 2021-646 du 25 mai 2021 *pour une sécurité globale préservant les libertés* la précède de peu. V. sur ce point SLAMA (S.), « L'empreinte des états d'urgence sur la loi sur la "sécurité globale" » *in* MAUREL (R.) & GALLOIS (J.) (dir.), *La sécurité globale. Perspectives juridiques & éthiques*, Ed. de l'Epitoge, coll. « L'Unité du droit », vol. XXXVI, 2022, p. 123.

[9] Pour plus de détail, se reporter à PUGLIESE (M.), « Renforcement de la prévention d'actes de terrorisme : la loi publiée », *Dalloz actualité*, 7 sept. 2021.

religieuse[10]. A défaut de pouvoir complètement la neutraliser, le but est plutôt de la détecter, de la contenir et donc d'être en mesure de prévenir un passage à l'acte en identifiant préalablement de « potentiels terroristes »[11].

4. Afin d'élargir encore le spectre de la lutte contre l'islam radical, le Président de la République Emmanuel MACRON ainsi que le ministre de l'Intérieur Gérald DARMANIN ont repris et infusé dans le débat public la notion de « séparatisme islamiste »[12]. Si ce terme est notamment connu du droit international public – le territoire « séparatiste » étant celui qui souhaite se défaire de l'Etat duquel il fait partie[13] –, l'exécutif a entendu lui donner une autre signification. Avant d'être relayé par un ouvrage du ministre de l'Intérieur[14], le Président de la République s'exprimait en ces termes : « Ce à quoi nous devons nous attaquer, c'est le séparatisme islamiste. (…) C'est un projet conscient, théorisé, politico-religieux, qui se concrétise par des écarts répétés avec les valeurs de la République, qui se traduit souvent par la constitution d'une contre-société (…). Le

---

[10] Sur ce thème, v. BUI-XUAN (O.) (dir.), *La radicalisation religieuse saisie par le droit*, Institut Universitaire Varenne, coll. « Colloques & Essais », 2018, 262 p.
[11] BUI-XUAN (O.), « La lutte contre la radicalisation religieuse ou l'émergence de dispositifs juridiques autoritaires pour sauver la démocratie », *in* FONSECA (D.) (dir.), *Logiques des législations antiterroristes. Entre reconfiguration et défiguration du droit ?*, préc. p. 41.
[12] Notons qu'en 2018 déjà, le terme était utilisé par divers acteurs du débat public. V. « L'appel des 100 intellectuels contre le "séparatisme islamiste" », *Le Figaro*, 19 mars 2018. Pour une généalogie de ce terme, v. « Séparatisme : itinéraire d'un mot chargé », *Médiapart*, 8 sept. 2020 [consulté le 12 janv. 2023].
[13] Le terme « sécession » reste toutefois le plus usité. V. sur cette idée ALLAND (D.), *Droit international public*, PUF, coll. « Droit fondamental », 2022, 9ème éd. § 44.
[14] DARMANIN (G.), *Le séparatisme islamiste. Manifeste pour la laïcité*, Ed. de l'Observatoire, 2021, 96 p.

problème, c'est cette idéologie, qui affirme que ses lois propres sont supérieures à celles de la République. (...) Et il y a dans cet islamisme radical (...) une volonté revendiquée, affichée, une organisation méthodique pour contrevenir aux lois de la République et créer un ordre parallèle, ériger d'autres valeurs, développer une autre organisation de la société (...) »[15]. L'analogie avec le sens internationaliste de la notion demeure palpable. Ainsi exposée, la notion de séparatisme pourrait également être rapprochée de celle de « communautarisme »[16]. Elle s'en distingue cependant. Le séparatisme ne désigne pas les communautés à proprement parler, mais seulement une partie d'entre-elles, à savoir celles qui « font sécession »[17]. Il a donc une connotation intrinsèquement péjorative. Dans les discours relatés, il sert en quelque sorte à disqualifier. Cet aspect de la notion de séparatisme est censé servir le discours républicain. Par un jeu d'opposition, l'idée est en effet de jeter le discrédit sur les séparatistes pour valoriser des principes censés être au cœur de l'unité républicaine et donc être partagés par le plus grand nombre[18].

---

[15] « La République en actes », discours du Président de la République sur le thème de la lutte contre les séparatismes, Les Mureaux, 2 oct. 2020 [disponible sur le site officiel de la Présidence de la République française : https://www.elysee.fr/].

[16] Pour des éléments de définition de cette notion, v. POLICAR (A.), « De la communauté au communautarisme ? », *Raison présente*, 2006, n° 159, p. 81.

[17] Sur cette idée, v. GAZAGNE-JAMMES (V.), « Réflexions sur l'intitulé initial de la loi sur le respect des principes de la République, dite Loi contre le séparatisme et "les atteintes à la citoyenneté" », *RevDH*, 2022, n° 22 [en ligne].

[18] V. aussi « Protéger les libertés en luttant contre le séparatisme islamiste », conférence de presse du Président de la République, Mulhouse, 18 fév. 2020 [disponible sur le site officiel de la Présidence de la République française : https://www.elysee.fr/].

5. La conciliation de ces deux dynamiques – identification d'un mal et mise en exergue de valeurs républicaines – devait trouver une traduction dans un acte législatif[19]. Symboliquement enregistré à la présidence de l'Assemblée nationale le 9 décembre 2020 en référence à la loi du 9 décembre 1905 sur la séparation des Eglises et de l'Etat, le texte, après quelques tâtonnements concernant son intitulé, prit le nom de « projet de loi confortant le respect des principes de la République »[20]. La lecture de l'exposé des motifs, qui reprend parfois à la lettre les propos du Président de la République, montre cependant bien que le projet entend dépasser le seul cadre de la lutte contre le séparatisme « islamiste ». « L'idéologie séparatiste a fait le terreau des principaux drames qui ont endeuillé notre communauté nationale ces dernières années. Face à l'islamisme radical, face à tous les séparatismes, force est de constater que notre arsenal juridique est insuffisant. Il faut regarder les choses en face : la République n'a pas suffisamment de moyens d'agir contre ceux qui veulent la déstabiliser ».

[19] Sur cette idée de double dynamique, v. WEIL (P.), *Liberté, égalité, discriminations. L'« identité nationale » au regard de l'histoire*, Gallimard, 2009, p. 20, not. en ce qu'il cite PONCELA (P.) & LASCOUMES (P.), « Des délits et des peines sous la Constituantes », *Archives de politique criminelle*, 1989, n° 11, p. 12.

[20] L'exécutif avait réfléchi à un intitulé plus défensif faisant directement référence à la lutte contre les séparatismes. V. sur ce point, « La portée symbolique d'un glissement sémantique », *Le Figaro*, 7 oct. 2020 [consulté le 13 janv. 2023]. Le Conseil d'Etat a tout de même reproché au projet de ne pas étayer le contexte dans lequel ce dernier apparaît. V. CE, avis du 3 déc. 2020 sur le projet de loi confortant le respect des principes de la République, n° 401549, p. 3. Le Pr. Wachsmann a immédiatement vu dans ce texte « la réaffirmation par l'Etat de sa primauté sur le religieux ». V. WACHSMANN (P.), *Libertés publiques*, Dalloz, coll. « Cours », 9ème éd., 2021, p. 919.

6. Débattue en procédure accélérée et promulguée le 24 août 2021 après une déclaration de conformité partielle à la Constitution par le Conseil constitutionnel[21], la loi *confortant le respect des principes de la République* (dite aussi « CRPR » ou « loi Séparatisme ») fait montre d'un contenu hétérogène. Elle instaure, par exemple, un référent laïcité dans les administrations de l'Etat et des collectivités territoriales[22], soumet l'instruction en famille à un régime d'autorisation[23], crée un délit de mise en danger de la vie d'autrui par diffusion d'informations relatives à la vie privée, familiale ou professionnelle[24], crée un autre délit dit « délit de séparatisme »[25], ou encore ouvre à la comparution immédiate les délits prévus par la loi du 29 juillet 1881 sur la liberté de la presse[26]. Cette loi est aussi le fruit d'événements qui ont gravité autour de son élaboration. Elle en porte les stigmates. L'assassinat du professeur d'histoire-géographie Samuel PATY par une personne radicalisée a irrigué l'ensemble du débat parlementaire, qui a d'ailleurs débouché sur la création d'un délit d'entrave à la profession d'enseignant[27]. En bref, d'un point de vue global, la loi est

[21] Cons. const., déc. n° 2021-823 DC du 13 août 2021, *Loi confortant le respect des principes de la République*.

[22] Art. 3 et s. de la loi n° 2021-1109 du 24 août 2021 *confortant le respect des principes de la République*.

[23] Art. 49 de la loi préc. V. FORNEROD (A.), « Le droit à l'instruction dans la loi confortant le respect des principes de la République : hors de l'Ecole républicaine, point de salut ? », *Revue du droit des religions*, 2022, n° 13, p. 115 [en ligne].

[24] Art. 36 de la loi préc. V. sur cette mesure DELPECH (X.), « Loi Séparatisme - Associations cultuelles - Une circulaire d'application publiée », *JA*, 2021, n° 649, p. 9.

[25] Art. 9 de la loi préc. Cet article fait notamment écho au considérant 18 de la décision du Conseil constitutionnel n° 2004-505 DC du 19 nov. 2004.

[26] Art. 46 de la loi préc.

[27] Art. 10 de la loi préc.

une illustration de ce que les criminologues appellent un « élargissement du filet répressif »[28].

7. La loi du 24 août 2021 énonce aussi une variété de mesures visant directement les associations et les fondations. Ces mesures intéressent donc directement la présente étude. Parmi elles, le contrat d'engagement républicain occupe une place de choix. Au cœur de la réforme, la plupart des nouvelles dispositions législatives se situent dans son orbite quand elles n'y font pas explicitement référence. C'est la raison pour laquelle il est utile d'en fournir un bref panorama[29].

8. La plus saisissante de ces mesures réside dans l'élargissement des motifs pouvant justifier la dissolution administrative d'une association. L'article 16 vient en effet modifier en plusieurs occurrences l'article L. 212-1 du code de la sécurité intérieure (CSI). Ainsi, par exemple, avant l'entrée en vigueur de la loi du 24 août 2021, si une association pouvait être dissoute en Conseil des ministres dès lors qu'elle provoquait « à des manifestations armées dans la rue », elle peut aujourd'hui l'être, indépendamment de tout critère géographique, lorsqu'elle provoque « à des manifestations armées ou à des agissements violents à l'encontre des personnes ou des biens »[30]. L'élargissement

---

[28] ALIX (J.), « La répression convoquée au soutien des principes de la République », *Revue du droit des religions*, 2022, n° 13, p. 131 [en ligne]. V. aussi, SALES (E.), « Présentation générale de la loi confortant le respect des principes de la République », *Revue du droit des religions*, 2022, n° 13, p. 17 [en ligne] ; VILLENEUVE (P.), « Décryptage de la loi du 24 août 2021 confortant le respect des principes de la République », *AJCT*, 2021, p. 392 & le dossier consacré à la loi CRPR *in RFDA*, 2022, n° 5, p. 815 et s.

[29] Panorama non-exhaustif.

[30] Sur ce point, v. HENNETTE VAUCHEZ (S.), « Lutte contre les séparatismes et liberté d'association », *Etudes*, 2022/9, p. 57 à 68 & AMBLARD (C.),

des motifs justifiant la dissolution est prolongé par la création d'un article L. 212-1-1 dans le même code. Cette disposition permet d'imputer à l'association un fait susceptible de fonder une dissolution administrative dès lors qu'il est « commis par un ou plusieurs de leurs membres agissant en cette qualité ou directement liés aux activités de l'association » et que les dirigeants de l'organisation, bien qu'informés de ces agissements, n'ont pas réagi à hauteur de leurs moyens[31].

9. Une autre série de mesures vise à établir une plus grande transparence financière des associations[32]. L'objectif est de faciliter le contrôle susceptible d'être exercé l'administration fiscale (dont les moyens ont d'ailleurs été augmentés)[33]. Il est par exemple désormais prévu que les organismes délivrant des reçus fiscaux doivent les déclarer à l'administration chargée d'en vérifier leur régularité, sous peine de se voir infliger une amende. Ainsi en est-il également de l'obligation faite aux organismes de publier leurs comptes dès lors qu'ils bénéficient de dons annuels supérieurs à un certain montant. L'obligation n'est pas nouvelle, mais elle est désormais plus pointue et assortie d'une sanction en cas de méconnaissance[34]. Il apparaît donc que la loi entend soumettre le régime du mécénat à une

« Dissolution administrative : une exception au principe de liberté d'association ! », *JA*, 2022, n° 653, p. 31.

[31] Un autre article devait permettre au ministre de l'Intérieur, à titre conservatoire et en cas d'urgence, de prononcer la suspension des activités d'une association ou d'un groupement de fait faisant l'objet d'une procédure de dissolution. Le Conseil constitutionnel a toutefois déclaré inconstitutionnelles ces dispositions (Cons. const., déc. n° 2021-823 DC du 13 août 2021, préc. § 43 et s.).

[32] Série qui s'étend de l'art. 17 à 22 de la loi préc. et spéc. aux art. 17 à 20.

[33] V. en particulier les art. 17 et 18 de la loi préc.

[34] L'art. 21 de la loi préc. insère en effet un article 4-2 dans la loi n° 87-571 du 23 juillet 1987 *sur le développement du mécénat*.

règlementation plus stricte, plus précise, afin de faciliter la traçabilité des ressources de l'association[35].

10. D'autres dispositions, plus sectorielles mais non moins importantes, sont à relever. D'abord, les fédérations sportives font l'objet d'un traitement particulier. La loi leur réserve une section qui indique la manière dont le contrat d'engagement républicain leur est applicable, sans toutefois se limiter à cet objet. A leur égard, l'Etat n'exerce plus une tutelle : la nouvelle rédaction de l'article L. 111-1 du code du sport indique en effet que « l'Etat exerce le *contrôle* des fédérations sportives »[36]. Il semble toutefois qu'il s'agisse ici davantage d'une variation sémantique que d'un véritable changement de régime juridique. Cette variation n'en est pas moins révélatrice de l'intention du législateur d'intensifier le contrôle administratif pesant sur ces associations. Ensuite, un sort particulier est également réservé aux associations cultuelles[37] et aux associations à objet mixte[38]. Là encore, on retrouve la volonté d'assurer une plus grande transparence financière. Selon certains auteurs, la loi procède aussi à une forme d'alignement des capacités juridiques des associations à objet mixte sur celles des associations cultuelles[39]. Cet alignement du régime des associations à objet mixte sur celui des associations cultuelles est tout à fait palpable en ce qui concerne la manière dont elles peuvent être contrôlées par

---

[35] V. sur ce point JOTEMPS (A. S. de), « Mécénat : les manques de la loi Séparatisme relatifs au contrôle mis en place », *JA*, 2021, n° 646, p. 13 & BARON (M.) & DEVIC (L.), « Juridique - Fonds de dotation - Une liberté surveillée », *JA*, 2022, n° 665, p. 34.

[36] V. art. 63 et s. de la loi du 24 août 2021 préc.

[37] L. du 9 déc. 1905 *concernant la séparation des Eglises et de l'Etat*, Titre IV.

[38] L. du 2 janv. 1907 *concernant l'exercice public des cultes*, art. 4 et s.

[39] DEVIC (L.) & MAGRO (M.), « Associations cultuelles et à objet mixte : des contraintes juridiques et fiscales nouvelles », *JA*, 2022, n° 653, p. 26.

l'administration, qui se trouve désormais largement soumis aux dispositions de la loi de 1905[40].

11. Le contrat d'engagement républicain quant à lui, se trouve être à la charnière de l'ensemble de ces mesures[41]. Il constitue l'objet de la présente étude (**§1**), dont l'intérêt doit être précisé (**§2**), avant que son plan ne soit exposé (**§3**).

§1. L'objet de l'étude

12. Le contrat d'engagement républicain (ou « CER ») est un dispositif juridique dont il convient d'identifier les sources et les contours. Leur analyse permettra ainsi de circonscrire l'objet de l'étude à ces textes et donc, en fin de compte, au régime juridique du contrat d'engagement républicain. A ce titre, l'étude de ce contrat ne peut se faire au seul prisme de la loi du 24 août 2021. Aussi essentiel que soit cet angle d'analyse (**A**), il ne permet toutefois pas un examen suffisamment complet du dispositif. Pour ce faire, il s'avère indispensable de se reporter au décret du 31 décembre 2021 pris pour l'application de la loi (**B**).

[40] V. sur ce point DEVIC (L.) & MAGRO (M.), « Associations cultuelles et à objet mixte : des contraintes juridiques et fiscales nouvelles », préc. ; Art. 72 de la loi du 24 août 2021 préc. ; Cons. const., déc. du 22 juill. 2022, n° 2022-1004 QPC, *JA*, 2022, n° 665, p. 11. Sur le même sujet, v. SILD (N.), « La conventionnalité des dispositions de la loi Séparatisme relatives aux associations cultuelles et para-cultuelles », *AJDA*, 2023, p. 843.

[41] V. DELPECH (X.), « Juridique - Respect des principes de la République - Aspects de droit des associations », *JA*, 2021, n° 644, p. 33, qui le qualifie de « pièce maitresse ».

A. La loi du 24 août 2021

13. Essentielle, l'étude de la loi l'est en ce qu'elle crée le contrant d'engagement républicain et détermine une partie de son régime comme de son contenu[42]. Elle en est donc la source juridique originaire. En instaurant le contrat d'engagement républicain, la loi entend conditionner le subventionnement public, la délivrance d'un agrément d'Etat et la reconnaissance d'utilité publique des associations et des fondations, à la souscription de ce contrat, dont il est prévu qu'il tienne lieu d'engagement :

> « 1° A respecter les principes de liberté, d'égalité, de fraternité et de dignité de la personne humaine, ainsi que les symboles de la République au sens de l'article 2 de la Constitution ;
>
> 2° A ne pas remettre en cause le caractère laïque de la République ;
>
> 3° A s'abstenir de toute action portant atteinte à l'ordre public »[43].

14. Cette « mise sous conditions » est sanctionnée à deux niveaux différents. Le premier d'entre eux se trouve au stade de la demande. Le législateur impose en effet aux autorités compétentes de *refuser* toute sollicitation de subventions, d'agrément de l'Etat et de reconnaissance d'utilité publique dès lors que « l'objet que poursuit l'association ou la fondation (...) son activité ou les modalités selon lesquelles cette activité est conduite sont illicites ou incompatibles avec

---

[42] Les articles de la loi régissant le CER sont les suivants : 12 ; 13 ; 14 ; 15 ; 63 & 67.

[43] Art. 12 de la loi du 24 août 2021.

le contrat d'engagement républicain (...) »[44]. Le second se trouve quant à lui au stade où la demande a reçu une réponse favorable, c'est-à-dire une fois l'association subventionnée, agréée ou reconnue d'utilité publique. A ce niveau, le législateur impose aux autorités compétentes de *retirer* leur décision, en motivant ce retrait et après que le bénéficiaire ait été mis à même de présenter ses observations[45].

15. Le champ d'application du contrat d'engagement républicain, qui est aussi le champ de la présente étude, apparaît ici clairement. Il comprend les associations, telles que définies par la loi du 1er juillet 1901[46] et les fondations définies par la loi du 23 juillet 1987[47]. Plus précisément, le présent dispositif s'adresse à toutes les associations et à toutes les fondations qui sont subventionnées[48] ou qui sollicitent une subvention publique, entendue au sens de subvention provenant « d'une autorité administrative ou d'un organisme chargé de la gestion d'un service public industriel et commercial »[49]. Son champ d'application s'étend aussi à

---

[44] *Ibid*. La formule ici relatée est relative au refus du subventionnement. Cependant, si pour ce qui est de l'agrément et de la RUP la loi n'est pas aussi précise, tout laisse à penser que les conditions sont substantiellement les mêmes (V. *infra* n° **36** et s.).
[45] *Ibid*.
[46] L. du 1er juill. 1901 *relative au contrat d'association*, art. 1 : « L'association est la convention par laquelle deux ou plusieurs personnes mettent en commun, d'une façon permanente, leurs connaissances ou leur activité dans un but autre que de partager des bénéfices ».
[47] L. n° 87-571 du 23 juill. 1987 *sur le développement du mécénat*, art. 18 al. 1 : « La fondation est l'acte par lequel une ou plusieurs personnes physiques ou morales décident l'affectation irrévocable de biens, droits ou ressources à la réalisation d'une œuvre d'intérêt général et à but non lucratif ».
[48] A compter de l'entrée en vigueur du décret n° 2021-1947 du 31 déc. 2021.
[49] Choix terminologique opéré à partir de la lecture de la loi Séparatisme et des travaux parlementaires. Ci-après, il est fait référence aux autorités mentionnées par les termes « administrations » ou « collectivités publiques ».

toutes les associations agréées ou qui sollicitent un agrément de l'Etat[50] et aux associations et fondations nouvellement reconnues d'utilité publique ou qui sollicitent une reconnaissance d'utilité publique. Partant, il s'étend également à toutes les autorités susceptibles d'accorder ou ayant accordé une subvention, un agrément d'Etat ou la reconnaissance d'utilité publique. Elles ont la charge d'assurer la sanction du contrat d'engagement républicain[51]. Des variations sont toutefois observables : le contrat d'engagement républicain est notamment appliqué de manière quelque peu différente aux fédérations sportives. Pèsent en effet sur ces dernières des obligations supplémentaires, mais elles demeurent cependant en grande partie soumises au « régime commun » dudit contrat, étant donné qu'elles sont des associations au sens de la loi du 1er juillet 1901[52].

16. S'il est effectivement large, le champ d'application du contrat d'engagement républicain ne s'étend toutefois pas aux syndicats[53], aux partis politiques[54] ainsi qu'aux associations cultuelles en raison de la règle suivant laquelle

[50] Les fondations ne sont pas concernées par les agréments d'Etat.

[51] V. sur ce point l'étude d'impact sur le projet de loi *confortant le respect des principes de la République*, 8 déc. 2020, p. 79.

[52] Art. L. 131-2 du code du sport. Faire un renvoi vers les § consacré aux FED

[53] La raison est que les syndicats ne sont pas des associations (L. du 21 mars 1884 dite « Waldeck-Rousseau » *relative aux syndicats professionnels*).

[54] Si leur régime juridique est grandement inspiré de celui des associations au sens de la loi de 1901, il s'en distingue cependant. Les partis politiques sont en effet régis par des règles spéciales, notamment quant à leur financement. V. par ex les art. 7 et s. de la Loi n° 88-227 du 11 mars 1988 *relative à la transparence financière de la vie politique*. Qui plus est, ils ne peuvent être agréés ou reconnus d'utilité publique, et le subventionnement par une autorité suivant un motif politique demeure interdit (v. *infra* n° **81** et s.). Les débats parlementaires ne laissent d'ailleurs aucune trace d'une volonté d'imposer ce dispositif aux partis politiques.

« la République ne reconnaît, ne salarie ni ne subventionne aucun culte »[55]. Les associations à objet mixte ne sont quant à elles pas totalement exclues du champ d'application du contrat d'engagement républicain. Elles sont en effet concernées par ce dispositif en tant qu'elles peuvent percevoir des subventions publiques au titre d'activités autres que celles revêtant un caractère cultuel.

17. Il faut également préciser que le Conseil constitutionnel a déclaré ce mécanisme conforme à la Constitution. Il a cependant émis deux réserves d'interprétation. Suivant la première, il a estimé que l'obligation faite aux organismes de s'abstenir de toute action portant atteinte à l'ordre public ne vise que « les actions susceptibles d'entraîner des *troubles graves* à la tranquillité et à la sécurité publiques »[56]. Suivant la seconde, il a estimé que le retrait d'une subvention publique sur le fondement du contrat d'engagement républicain « ne saurait, sans porter une atteinte disproportionnée à la liberté d'association, conduire à la restitution de sommes versées au titre d'une période antérieure au manquement au contrat d'engagement »[57].

---

[55] L. du 9 décembre 1905 *concernant la séparation des Eglises et de l'Etat*, art. 2 al. 1.

[56] Cons. const. déc. n° 2021-823 DC préc. § 20.

[57] Cons. const. déc. n° 2021-823 DC préc. § 25. Il semblerait que le Conseil constitutionnel ait enrichi, au passage, la définition qu'il donnait jusqu'alors de la liberté d'association. Entendue jusqu'ici comme la liberté de pouvoir créer une association dotée de la capacité juridique sur simple déclaration préalable (Cons. const., déc. n° 71-44 DC du 16 juillet 1971 spéc. § 3 & 4), le Conseil, semble avoir étendue cette définition en prenant désormais en compte des aspects du fonctionnement associatif. V. sur cette idée GOESEL-LE BIHAN (V.), « La liberté d'association : triple test à tous les étages ? », *AJDA*, 2022, p. 1185. V. en ce sens et avant la décision commentée : Cons. const., décision n° 2016-535 QPC du 19 fév. 2016, *Ligue des droits de l'Homme*, spéc.

18. La loi imposant au pouvoir règlementaire de préciser le contrat d'engagement républicain, c'est au décret du 31 décembre 2021 qu'il faut se référer pour une approche complète.

B. Le décret du 31 décembre 2021

19. Le décret du 31 décembre 2021 pris pour l'application de la loi confortant le respect des principes de la République est assorti d'une annexe qui formalise le contrat d'engagement républicain[58]. A première vue, ce contrat ressemble davantage à une charte. Il se compose d'un préambule et de sept « engagements » que les associations concernées doivent respecter, et que les autorités concernées doivent faire respecter. Ces engagements vont du « respect des lois de la République »[59] au « respect des symboles de la République »[60], en passant par exemple par la « liberté de conscience »[61] et le « respect de la dignité de la personne humaine »[62].

20. Il faut dire, dès à présent, que les normes régissant le contrat d'engagement républicain gouvernent donc l'utilisation qui doit être faite de cette annexe. Parce qu'elles

---

cons. 14 & 15. V. aussi BOUDOU (G.), « Autopsie de la décision du Conseil constitutionnel du 17 juillet 1971 sur la liberté d'association », *RFDC*, 2014, n° 97, p. 5

[58] Décret n° 2021-1947 du 31 déc. 2021 *pris pour l'application de l'article 10-1 de la loi n° 2000-321 du 12 avril 2000 et approuvant le contrat d'engagement républicain des associations et fondations bénéficiant de subventions publiques ou d'un agrément de l'Etat*. Ce document figure en annexe de la présente étude, p. 217. Sa lecture est vivement conseillée pour pouvoir suivre cette étude.

[59] Eng. n° 1.

[60] Eng. n° 7.

[61] Eng. n° 2.

[62] Eng. n° 6.

ne peuvent être appréhendées séparément des sept engagements énumérés par le décret, elles occuperont une place primordiale dans cette étude.

21. A ce titre, en plus de dresser la liste des engagements, le décret apporte des précisions d'ordre technique telles que la période d'opposabilité du contrat, les modalités de retrait d'un agrément pour manquement au contrat ou encore les modalités de calcul du reversement de la subvention en cas de retrait[63]. Cependant, le pouvoir règlementaire ne s'est pas limité à l'établissement de règles techniques. A bien des égards, le décret précisant le contrat d'engagement républicain élargit le texte législatif. Les engagements ne se réduisent plus à de simples intitulés, mais sont détaillés de façon successive. A titre illustratif, l'engagement n° 5 portant sur la « fraternité et la prévention de la violence » est ainsi décliné :

> « L'association ou la fondation s'engage à agir dans un esprit de fraternité et de civisme.
>
> Dans son activité, dans son fonctionnement interne comme dans ses rapports avec les tiers, l'association s'engage à ne pas provoquer à la haine ou à la violence envers quiconque et à ne pas cautionner de tels agissements. Elle s'engage à rejeter toutes formes de racisme et d'antisémitisme ».

Le décret semble également élargir le texte législatif lorsqu'il dispose qu'une fois subventionnée « l'association ou la fondation veille à ce que le contrat (...) soit respecté par ses dirigeants, par ses salariés, par ses membres et par ses bénévoles ». D'autant que cet ajout se double d'un mécanisme permettant d'imputer à l'association ou à la

---

[63] V. les articles 3, 4 & 5 du décret n° 2021-1947 préc.

fondation les agissements d'un ou plusieurs de ses membres[64].

22. Après l'entrée en vigueur de ce décret, le Conseil d'Etat a immédiatement été saisi de plusieurs recours en référé-suspension. Ces derniers furent rejetés pour défaut d'urgence[65]. Ces référés étaient évidemment accompagnés de recours en excès de pouvoir. Le juge a cependant rejeté ces recours et n'a donc que partiellement suivi les conclusions de son rapporteur public[66]. En effet, ce dernier avait avancé que l'imprécision de certains termes du contrat méconnaissait les exigences européennes relatives à la prévisibilité de l'application de la règle de droit[67].

23. L'objet de l'étude étant exposé, c'est sur son intérêt qu'il convient désormais de se pencher.

§2. L'intérêt de l'étude

24. Sous un angle théorique, l'étude du « contrat » d'engagement républicain interroge jusqu'aux classifications les plus élémentaires du droit, et spécialement du droit administratif. Ainsi en est-il par exemple de la distinction entre l'acte unilatéral et le contrat, lorsque se pose la question de la nature de ce dispositif. Le contrat

---

[64] Art. 5 du décret n° 2021-1947 préc.

[65] CE, ord., 4 mars 2022, *Ligue des droits de l'Homme et a.*, n° 462048 & CE, ord., 4 mars 2022, *Union syndicale Solidaires et a.*, n° 461961.

[66] CE, 30 juin 2023, *Union syndicale Solidaires et a.*, n° 461962 et a., concl. L. Domingo.

[67] Le rapporteur a en effet conclu à l'annulation des termes « manifestement contraire à la loi » figurant dans l'engagement n°1 et à l'annulation de la première phrase de l'engagement n° 5 du contrat (DOMINGO (L.), concl. sur CE, 30 juin 2023, *Union syndicale Solidaires et a.*, préc.).

d'engagement républicain pose également des questions d'ordre un peu plus métaphysique. En prenant de la hauteur sur cet objet, émerge la question de savoir à quoi et à qui sert le droit[68]. En effet, le contrat d'engagement républicain interroge à plus d'un titre sur la fonction attribuée à la norme. Très schématiquement, l'interrogation pourrait être la suivante : le droit doit-il protéger les individus de l'Etat ou bien doit-il protéger l'Etat des individus ?

25. En dehors du manichéisme excessif de cette dernière interrogation, il apparaît en outre que le contrat d'engagement républicain se situe au carrefour d'une pluralité de champs juridiques. L'intérêt scientifique d'une recherche sur le contrat d'engagement républicain réside donc aussi dans le fait que cet objet embrasse un certain nombre de branches du droit ou, à tout le moins, des domaines assez distincts au premier regard porté par le juriste. Si le cadre général semble être celui du droit des associations et des fondations, il s'étend très rapidement au droit applicable à l'administration – c'est-à-dire au droit administratif[69] –, tout particulièrement dans ses rapports avec le « public »[70]. Dans une perspective assez réductrice, voire minimaliste, le contrat d'engagement républicain fonde en effet le « refus » ou le « retrait » d'une subvention, d'un agrément ou d'une reconnaissance d'utilité publique. Or, lorsqu'il est question de relations entre le public et l'administration, il n'y a souvent plus qu'un pas à faire pour verser dans le droit des libertés fondamentales, surtout quand

---

[68] OST (F.), *A quoi sert le droit ? Usages, fonctions, finalités*, Bruylant, coll. « Penser le droit », 2016, 578 p.

[69] PLESSIX (B.), *Droit administratif général*, LexisNexis, coll. « Manuel », 4ème éd., 2022, p. 3 et s.

[70] Pour reprendre le vocabulaire du « code des relations entre le *public* et l'administration ».

le public visé est constitué d'associations et de fondations, qui participent, entre autres, de la vitalité démocratique d'un Etat. La diversité des champs académiques concernés par une étude sur le contrat d'engagement républicain peut donc, sans doute, trouver une explication dans le fait que les associations et les fondations constituent elle-même un point de rencontre entre différents champs disciplinaires[71].

26. Il est possible de donner un aperçu des domaines concernés par le contrat d'engagement républicain, en recensant les diverses réactions suscitées par son instauration. Cette manière de procéder contribuera aussi à établir une approche dialectique qui guidera cette étude[72].

27. L'apparition de ce contrat a très largement été vécue comme une avanie par le milieu associatif[73]. Les associations, militantes surtout, ont pu exprimer à la fois leur déception et leur opposition à l'égard de ce dispositif. Une tribune parue dans le journal *Libération*, signée notamment par une coalition d'associations, interpellait : « Comment ne pas voir dans ces lois sécuritaires l'expression d'une défiance généralisée à l'encontre des associations et groupements de citoyens organisés pour faire entendre leur voix et agir pour l'intérêt

---

[71] Par exemple, en tant que personnes morales, elles peuvent être étudiées au prisme du droit des personnes, en tant qu'elles peuvent avoir la charge d'une mission de service public, au prisme du droit des services publics, et, en tant qu'actrices du jeu social, politique et économique, sous une pluralité d'autres prismes (se reporter notamment aux travaux de Jean-Louis Laville).

[72] Sur cette approche, v. par ex. BRUNET (F.), *La pensée juridique de… Hans Kelsen*, Mare & Martin, coll. « La pensée juridique de », 2019, spéc. p. 21 et s.

[73] V. par ex. THOURY (C.), « Les libertés associatives sont-elles remises en question ? », *JA*, 2021, n° 650, p. 18 & « Le Mouvement associatif appelle à abroger le contrat d'engagement républicain », *Mediapart*, 26 janv. 2023 [consulté le 1er fév. 2023].

général ? »[74]. Le contrat d'engagement républicain est perçu dans cette même tribune comme un dispositif qui « ne manquer[ait] pas d'introduire de sérieux risques d'arbitraire »[75]. Malik SALEMKOUR, alors Président de la Ligue des droits de l'Homme, dénonçait quant à lui un dispositif faisant peser sur les associations des « contraintes excessives », notamment en raison du contrôle des activités associatives à la lumière d'engagements « intrusifs sur le fonctionnement de l'association concernée » et dépassant souvent leur objet associatif[76]. Frédérique PFRUNDER, déléguée générale du Mouvement associatif[77], accusait quant à elle « une méconnaissance des réalités et des fonctionnements associatifs » et un dispositif adopté suivant une « méthode qui heurte, avec une absence de dialogue préalable pour tenter de trouver des solutions conjointes à des constats qui peuvent être parfois en partie partagés »[78]. En déclarant le contrat d'engagement républicain conforme à la Constitution, le Conseil constitutionnel s'est, lui aussi, attiré les foudres du secteur associatif lui reprochant de « laisser passer les monstres »[79].

[74] « Loi séparatisme : une grave atteinte aux libertés associatives », *Libération*, tribune du 21 janv. 2021.

[75] *Ibid*.

[76] SALEMKOUR (M.), « La liberté associative, un acquis démocratique à garantir », *JS*, 2022, n° 229, p. 12.

[77] Le Mouvement associatif (dit aussi « Le MA ») est une association « rassemblant, au travers de ses membres, plus de 700 000 associations » et « représente plus de la moitié des associations en France » (selon son site officiel : https://lemouvementassociatif.org/). Il est très actif sur la question du CER.

[78] PFRUNDER (F.), « Après un quinquennat de crises, une confiance à reconstruire », *JA*, 2022, n° 656, p. 15.

[79] CAZAU (P.-A.), « Loi séparatisme : le Conseil constitutionnel laisse passer les monstres », *Rue89Bordeaux*, 19 août 2021 [en ligne].

28. La réaction du milieu associatif révèle donc clairement l'intérêt d'étudier le contrat d'engagement républicain sous l'angle des libertés associatives. Dans le même sens, le Haut Conseil à la Vie Associative s'interrogeait, comme le Défenseur des Droits[80], sur les contours du contrat et l'ensemble des règles le régissant. Il posait la question de savoir s'il s'agissait là de mesures « adaptées à l'objectif recherché et ne risquant pas d'être dévoyées au détriment d'actions vertueuses et porteuses des valeurs de la République »[81].

29. Mais l'intérêt de l'étude apparaît tout à fait différent si notre attention se porte ensuite sur la réaction des autorités ayant la charge d'appliquer ce contrat, au premier rang desquelles se trouvent les collectivités territoriales. A cet égard, le Conseil National de l'Evaluation des Normes a rendu deux délibérations favorables à ce dispositif[82], bien qu'il ait pointé du doigt le fait que la rédaction du projet de loi pouvait « à certains égards être interprétée comme une stigmatisation des administrations publiques locales »[83]. Au-delà de la faveur ou de la défaveur au contrat d'engagement républicain – alternative qu'il nous faut ici dépasser – le dispositif a surtout été interrogé à l'aune des nouvelles obligations auxquelles les autorités sont désormais

---

[80] Défenseur des droits, avis n° 21-01 du 12 janv. 2021.

[81] HCVA, avis du 2 déc. 2020, préc. V. aussi CNCDH, avis sur le projet de loi confortant le respect des principes de la République, n° A-2021-1 du 28 janv. 2021 (JO 14 févr. 2021) & CNCDH, second avis sur le projet de loi confortant le respect des principes de la République, n° A-2021-4 du 25 mars 2021 (JO 4 avr. 2021).

[82] CNEN, délib. n° 20-11-23-02373 du 23 nov. 2020 & CNEN, délib. n° 21-11-25-02682 du 25 nov. 2021.

[83] CNEN, délib. du 23 nov. 2020, préc.

soumises[84]. Dans la plupart des avis émis par les organes consultatifs à propos du contrat d'engagement républicain, il ressort en effet une interrogation sur l'utilité du contrat d'engagement républicain. Cette interrogation revêt un intérêt particulier pour la présente étude puisqu'on sait que l'instauration du contrat d'engagement républicain a principalement été motivée par l'absence de mécanisme permettant de refuser ou retirer une subvention, un agrément ou une reconnaissance d'utilité publique sur le fondement d'un manquement aux principes républicains[85]. Dans son avis, le Haut Conseil à la Vie Associative faisait ainsi transparaître que le contrat d'engagement républicain serait en grande partie inutile en ce qu'un certain nombre de textes permettraient déjà de répondre aux problématiques identifiées[86]. Il fut rejoint sur ce point par le Conseil d'Etat. Ce dernier, qui n'a pas vu d'atteinte à la liberté d'association, affirmait qu'au-delà des nouvelles obligations pesant sur les autorités publiques, le dispositif n'a que pour objet de « rappeler » aux associations des « principes fondamentaux de l'ordre juridique ou même des valeurs essentielles de la société »[87]. La lecture des avis de ces deux instances pose

---

[84] V. par ex. VILLENEUVE (P.), « Appliquer et contrôler le contrat d'engagement républicain Conseil et bonnes pratiques à l'attention des collectivités territoriales », *JCP A*, n° 34, 2022, p. 2235 & VILLENEUVE (P.), « De la « lutte contre les séparatismes" aux "principes républicains", quels futurs enjeux pour les collectivités ? », *AJCT*, 2020, p. 552.

[85] V. sur ce point l'étude d'impact sur le projet de loi CRPR, 8 déc. 2020, spéc. p. 74 à 134.

[86] HCVA, avis concernant le projet de loi confortant les principes républicains, 2 déc. 2020 & HCVA, avis concernant le projet de décret pris pour l'application de l'article 10-1 de la loi n° 2000-321 du 12 avril 2000 et approuvant le contrat d'engagement républicain des associations et fondations bénéficiant de subventions publiques ou d'un agrément de l'État, 3 déc. 2021.

[87] CE, avis, 3 déc. 2020, n° 401549, préc. Dans sa décision précitée du 30 juin 2023, n° 461961, le Conseil d'Etat semble avoir davantage mesuré la

donc la question de savoir si le contrat d'engagement républicain n'est qu'un dispositif superflu poursuivant un but purement performatif.

30. Tous ces éléments de contradiction peuvent à certains égards contribuer à faire naître une forme de paradoxe : le contrat d'engagement républicain serait « dangereux » pour les libertés associatives, alors même qu'il serait « inutile ». Il y a là autant d'intérêts motivant une recherche sur le contrat d'engagement républicain. Ces éléments de contradiction se couplent d'ailleurs avec la récence du dispositif, qui ne fait qu'accroître l'enjeu d'un examen de ses potentialités. A partir de ces diverses observations, l'étude ici proposée entend participer à la réflexion autour de cet objet, et ce à travers un plan dont il faut justifier et présenter l'agencement.

§3. Le plan de l'étude

31. Comme évoqué ci-dessus, le contrat d'engagement républicain constitue une nouvelle réplique de l'Etat face au radicalisme religieux. Avec un peu plus de recul, il s'apparenterait plutôt à un dispositif *ad hoc* de lutte contre les « séparatismes », phénomènes recouvrant des réalités plus vastes que le seul radicalisme religieux. En ce sens, il paraît se situer entre continuité et rupture : si la lutte contre le radicalisme religieux n'a rien d'original, le contrat d'engagement républicain, son contenu, sa portée et ses destinataires semblent *a priori* faire de lui un objet plus

---

portée normative du contrat. De même pour le tribunal administratif de Poitiers (v. TA Poitiers, 30 nov. 2023, *Préfet de la Vienne*, n°s 2202694 & 2202695).

singulier qui, à ce titre, interroge. Juridiquement, dans son objectif de lutter contre diverses formes de radicalité, le contrat d'engagement républicain comporte-t-il une part d'originalité susceptible de traduire un renouvellement de l'action des pouvoirs publics ?

32. La question ainsi formulée appelle naturellement à une étude des textes en vigueur et de leur mise en œuvre. Pour autant, il ne semble pas opportun d'en faire une exégèse suivant une méthode rigoureusement positiviste qui consisterait à ne pas prendre en compte une pluralité d'autres facteurs que le droit, alors même qu'ils s'avéreraient utiles à l'analyse. La méthode retenue, chère au Professeur PLESSIX, est donc plutôt celle d'un « positivisme modéré »[88] qui essaie d'éviter que le juriste ne s'enferme « dans des raisonnements désincarnés, négligeant la dimension humaine, faillible, argumentative et instrumentale du droit, telle qu'elle est pourtant manifeste au stade tant de sa création que de son application (…) »[89].

33. Pour mesurer l'originalité du contrat d'engagement républicain tout en suivant cette méthode, il est possible de retenir deux approches. La première consiste à l'appréhender en tant qu'objet juridique (**Partie I**). Il s'agit de situer le contrat d'engagement républicain dans un ensemble normatif afin d'évaluer son apport au droit et d'interroger sa nature. La seconde vise à le considérer comme un instrument d'une politique publique (**Partie II**). Il s'agit alors de l'inscrire dans l'action menée par les

---

[88] CAILLOSSE (J.), « Un "manuel" hors les codes. A propos du *Droit administratif général* de Benoît Plessix », *Jus Politicum*, 2018, n° 20-21, p. 367.

[89] PLESSIX (B.), *Droit administratif général*, *op. cit.*, préface, p. X à XI. V. aussi sur ces questions méthodologiques, TROPER (M.), *La philosophie du droit*, PUF, coll. « Que sais-je ? », 2018, 5ème éd., p. 19 et s.

pouvoirs publics pour faire face aux diverses formes de radicalisme. Le but est ici d'interroger sa finalité et la place qu'il occupe dans cette politique, ainsi que les difficultés qui se dressent devant les objectifs poursuivis par le législateur qui l'a instauré.

PARTIE I : LE CONTRAT D'ENGAGEMENT REPUBLICAIN COMME OBJET JURIDIQUE

PARTIE II : LE CONTRAT D'ENGAGEMENT REPUBLICAIN COMME INSTRUMENT D'UNE POLITIQUE PUBLIQUE

PARTIE I : LE CONTRAT D'ENGAGEMENT REPUBLICAIN COMME OBJET JURIDIQUE

34. Pris en tant qu'objet juridique, une première approche du contrat d'engagement républicain suppose d'accorder une place à ce qu'il entend réformer et régir. Autrement dit, il faut d'abord appréhender ce qu'il a pour but de modifier et, partant, répondre à la question de savoir s'il modifie un tant soit peu l'état du droit antérieur à son entrée en vigueur (**Chapitre I**). Une seconde approche suppose de s'interroger non pas sur ce qu'il modifie ou ne modifie pas, mais sur sa nature. Pour saisir juridiquement ce qu'est le contrat d'engagement républicain, il convient en effet de questionner son caractère contractuel, ainsi que sa dénomination nous y invite (**Chapitre II**).

CHAPITRE I : L'OBJET DU CONTRAT D'ENGAGEMENT REPUBLICAIN

CHAPITRE II : LA NATURE DU CONTRAT D'ENGAGEMENT REPUBLICAIN

CHAPITRE I : L'OBJET DU CONTRAT D'ENGAGEMENT REPUBLICAIN

35. En instaurant le contrat d'engagement républicain, le législateur a entendu modifier le régime de la reconnaissance d'utilité publique, le régime de l'agrément de l'Etat et le régime des subventions publiques accordées aux associations et aux fondations. Tel est donc l'objet de ce contrat. Les questions portant sur les modifications apportées au régime de la reconnaissance d'utilité publique et les modifications apportées au régime de l'agrément peuvent être appréhendées conjointement. La reconnaissance d'utilité publique et l'agrément ont au moins ceci en commun d'être la marque d'une qualité que les pouvoirs publics reconnaissent à tel ou tel organisme (**Section I**). En revanche, la place que la modification du régime de la subvention publique a occupée dans les débats parlementaires, son importance dans le financement de la vie associative, le nombre d'autorités susceptibles de subventionner une association ou une fondation ainsi que les spécificités juridiques de l'acte de subvention justifient, entre autres, une analyse à part (**Section II**).

SECTION I : LA MODIFICATION DES REGIMES DE LA RECONNAISSANCE D'UTILITE PUBLIQUE ET DE L'AGREMENT

36. Reconnaissance d'utilité publique et agrément constituent deux formes de « reconnaissance » d'une association ou d'une fondation par les pouvoirs publics. Elles sont une forme de labellisation d'un organisme par les pouvoirs publics. Ce point commun n'occulte cependant pas des régimes juridiques différents, ce qui commande deux analyses successives. Ainsi, à l'examen des modifications apportées par le contrat d'engagement républicain au régime de la reconnaissance d'utilité publique (**§1**), succédera l'examen des modifications apportées au régime de l'agrément (**§2**).

§1. L'apport au régime de la reconnaissance d'utilité publique

37. La loi confortant le respect des principes de la République et son décret d'application ont, par le biais du contrat étudié, modifié le régime juridique de la reconnaissance d'utilité publique. Cette modification – comme *a priori* n'importe quelle modification – entendait répondre à des objectifs précis. Si l'on pouvait en conséquence attendre des dispositions relatives au contrat d'engagement républicain qu'elles viennent réformer le droit de la reconnaissance d'utilité publique de manière substantielle (**A**), l'étude du régime de cette reconnaissance, y compris dans son état antérieur à l'entrée en vigueur desdites dispositions, oblige à tempérer cette attente (**B**).

A. Les attentes

38. « Onction administrative »[90], la reconnaissance d'utilité publique est régie, pour les associations, par les articles 10 et suivants de la loi de 1901 ainsi que par le décret du 16 août 1901[91]. Pour les fondations, elle l'est par les articles 18 et suivants de la loi du 23 juillet 1987. Dans ces deux cas, elle permet d'obtenir, sur le plan juridique, ce que la doctrine appelle une « grande capacité »[92]. Les capacités attachées à la personnalité juridique de l'association ou de la fondation reconnue d'utilité publique se trouvent en effet étendues. L'organisme ayant fait l'objet d'une telle reconnaissance bénéficie par exemple d'avantages fiscaux et est à même de recevoir des dons et des legs autres que les dons dits « manuels » dont toute association ou fondation déclarée peut en principe bénéficier[93]. La reconnaissance d'utilité publique a également une dimension symbolique. Elle permet en effet de signifier aux autorités publiques le caractère sérieux et fiable du partenaire. Elle fait donc office de garantie quant à la qualité des activités de l'association ou de la fondation[94].

---

[90] HIEZ (D.), « Association – Personnalité morale de l'association », *in Rép. dr. civ.*, Dalloz, 2016, § 239 (actualisation déc. 2019).

[91] Décret du 16 août 1901 pris pour l'exécution de la loi du 1er juillet 1901 relative au contrat d'association. Pour les aspects historiques de la RUP, qui ne date pas à proprement parler de la loi de 1901, v. Rapport public du Conseil d'Etat, *Les associations et la loi de 1901, cent ans après*, La documentation Française, coll. « EDCE », 2000, n° 51, p. 303 et s.

[92] V. par ex. DUTHEIL (P.-H.) (dir.), *Droit des associations et fondations*, Dalloz-Juris éd., coll. « Juris Corpus », 2016, étude n° 43, Sect. 1, § 6.

[93] V. not. COUCHOUX (S.), « De l'association à la fondation RUP : quels coûts, pour quels avantages fiscaux ? », *JA*, 2007, n° 369, p. 29.

[94] V. not. Rapport public du Conseil d'Etat, *Les associations et la loi de 1901, cent ans après*, préc., p. 307 & GARRIGOU-LAGRANGE (J.-M), « Les associations reconnues d'utilité publique », *in L'association. Septième journée René Savatier*,

39. Le droit de la reconnaissance d'utilité publique est un droit à la fois lourd et mouvant. De longue date, certains auteurs se posent la question de l'intérêt de son maintien[95]. La procédure permettant d'obtenir la reconnaissance d'utilité publique est fastidieuse. Elle prend généralement entre un ou deux ans, sinon quatre[96]. Elle appelle, pour résumer, à la constitution d'un dossier composé de plusieurs documents déterminés par le décret de 1901 et transmis au ministre de l'Intérieur, l'adoption de statuts-types, ainsi qu'un contrôle et un avis simple de la Section de l'Intérieur du Conseil d'Etat[97]. La procédure s'achève par la publication d'un décret portant reconnaissance d'utilité publique, mais il est également possible qu'aucune suite ne soit donnée à la demande : l'avis du Conseil d'Etat ne liant pas l'administration, elle agit ici dans le cadre d'un pouvoir discrétionnaire[98]. Il en va de même pour ce qui est de la décision de retirer le décret portant reconnaissance. Ce

---

PUF, coll. « Publications de la faculté de droit et des sciences sociales de Poitiers », 2002, p. 59, spéc. p. 62 et s.

[95] GARRIGOU-LAGRANGE (J.-M), « Les associations reconnues d'utilité publique », préc., p. 67.

[96] DUTHEIL (P.-H.) (dir.), *Droit des associations et fondations*, *op. cit.*, p. 914 et s.

[97] V. les articles 10 et s. du Décret du 16 août 1901 pris pour l'exécution de la loi du 1er juill. 1901. Il est intéressant de noter que le décret du 31 déc. 2021 ne modifie en rien la liste des pièces à fournir pour formaliser la demande. Pour des considérations historiques sur cette procédure, v. GABORIAUX (C.), « La République et les groupements privés d'intérêt général (1870-1914) : une enquête dans les archives du Conseil d'État », *in* Comité d'Histoire du Conseil d'Etat et de la juridiction administrative, *Conférences « Vincent Wright » et table ronde « La loi du 24 mai 1872, 150 ans après »*, La documentation française, vol. 9, 2022, p. 81. RAJOUTER OUVRAGE

[98] Pour des exemples, v. décret du 28 février 2020 portant reconnaissance de la fondation dite « Fondation Azzedine Alaïa » comme établissement d'utilité publique & Décret du 22 février 2023 portant reconnaissance de l'association dite « Fédération française des banques alimentaires » comme établissement d'utilité publique. Pour une définition de ce pouvoir, v. TRUCHET (D.), *Droit administratif*, PUF, coll. « Thémis droit », 2021, § 697.

retrait, qui doit être édicté suivant une procédure identique à celle de l'octroi de la reconnaissance, résulte lui aussi de l'exercice d'un pouvoir discrétionnaire de l'administration[99]. Soulignons au passage qu'il ne faut pas se méprendre sur le terme de « retrait » que la loi et le décret relatifs au contrat d'engagement républicain emploient. En effet, le retrait dont il est ici question ne renvoie pas à une décision dotée d'un effet rétroactif, mais bien à une « abrogation » au sens classique où la doctrine l'entend[100].

40. Le droit de la reconnaissance d'utilité publique est également mouvant. Les textes y afférent sont quasiment muets sur les critères à remplir pour pouvoir prétendre à l'obtention de la reconnaissance. Ainsi, comme le relève le Professeur HIEZ, « l'administration complète ces dispositions par des indications issues de son expérience » et, ce faisant, « la valeur juridique de ces informations est nulle, mais elle est éclairante et participe certainement à la nouvelle polymorphie du *soft Law* »[101].

41. En créant le contrat d'engagement républicain, la loi du 24 août 2021 a ajouté un quatrième alinéa à l'article 10 de la loi de 1901, suivant lequel « une association ne peut être reconnue d'utilité publique que si elle respecte les principes du contrat d'engagement républicain (...) ». Le respect du contrat d'engagement républicain est donc érigé en une condition supplémentaire à la reconnaissance d'utilité

[99] L. du 1er juill. 1901, art. 10 al. 2.

[100] C'est-à-dire à une décision n'ayant pas de portée rétroactive, soit une disparition pour l'avenir. Sur ce point, v. TRUCHET (D.), *Droit administratif*, *op. cit.*, § 825 et s. V. par ex. Décret du 21 mars 2023 abrogeant le décret portant reconnaissance de l'association dite « Alliance d'hygiène sociale, Comité du Cher » comme établissement d'utilité publique.

[101] HIEZ (D.), « Association – Personnalité morale de l'association », préc., § 240.

publique. On peut dès lors attendre de ce dispositif qu'il vienne compenser le côté très procédurier – sinon désincarné – du contrôle opéré sur la demande de reconnaissance par la Section de l'Intérieur du Conseil d'Etat et par l'administration. En effet, les sept engagements que contient le contrat appellent moins un contrôle de l'organisme au prisme de ses statuts, de sa gestion comptable ou de l'état de ses actifs et passifs mobiliers et immobiliers, qu'à un contrôle de son fonctionnement « quotidien »[102].

42. On voit en effet mal comment le seul examen des statuts de l'association, de ses capacités financières ou encore la liste de ses membres permettraient de s'assurer qu'elle agit concrètement « dans un esprit de fraternité et de civisme »[103], qu'elle ne met pas en danger la vie d'autrui « par ses agissements ou sa négligence »[104], ou bien encore qu'elle respecte le drapeau tricolore, l'hymne national et la devise de la République[105]. Le contrat d'engagement républicain, en obligeant un approfondissement de l'examen de la demande, permettrait ainsi de saisir juridiquement et de sanctionner des dysfonctionnements plus ponctuels que structurels. Il obligerait ainsi l'administration à dépasser le stade de la seule

---

[102] Le Conseil d'Etat a d'ailleurs annoncé vérifier, lors de l'examen d'une demande de reconnaissance d'utilité publique ou de modification des statuts d'une association ou d'une fondation déjà reconnue d'utilité publique, que l'administration s'est assurée du respect par la postulante des principes contenus dans le CER. V. Conseil d'Etat, Sect. de l'Intérieur, *Recueil de jurisprudence sur les statuts types des associations d'utilité publique*, version du 1er janv. 2023, p. 22 et s. [disponible en ligne sur le site du Conseil d'Etat : www.conseil-etat.fr] & Conseil d'Etat, Sect. de l'Intérieur, Recueil de jurisprudence sur les statuts types des fondations d'utilité reconnues publique, version du 1er janv. 2023 [disponible en ligne sur le site du Conseil d'Etat : www.conseil-etat.fr].

[103] Eng. n° 5.

[104] Eng. n° 6.

[105] Eng. n° 7.

« fiction juridique »[106] du contrôle opéré sur l'association ou la fondation. Cette hypothèse se trouve confortée par la lecture de l'article 5 du décret du 31 décembre 2021, qui donne un aperçu de l'intensité du contrôle que l'administration est susceptible d'opérer :

> « Sont imputables à l'association ou la fondation les manquements au contrat [d'engagement républicain] commis par ses dirigeants, ses salariés, ses membres ou ses bénévoles agissant en cette qualité, ainsi que tout autre manquement commis par eux et directement lié aux activités de l'association ou de la fondation, dès lors que ses organes dirigeants, bien qu'informés de ces agissements, se sont abstenus de prendre les mesures nécessaires pour les faire cesser, compte tenu des moyens dont ils disposaient »[107].

43. La prescription faite à l'administration de s'assurer du respect du contrat d'engagement républicain crée donc le plus d'attentes. Elle laisse à penser que le contrôle exercé sur la demande de reconnaissance serait nécessairement plus pointilleux en raison du contenu du contrat. Un contrôle affiné s'exercerait alors sur les organismes sollicitant la reconnaissance d'utilité publique comme il s'exercerait sur les organismes qui sont déjà reconnus d'utilité publique. Il en résulterait, en toute logique, davantage de refus de reconnaissance et davantage d'abrogations des décrets portant reconnaissance. Car dans ces deux situations en effet, on remarque qu'en cas de manquement au contrat d'engagement républicain, le caractère discrétionnaire de la décision d'attribuer ou de retirer la reconnaissance d'utilité

---

[106] Expression de l'aveu même du Conseil d'Etat : rapport public du Conseil d'Etat, *Les associations et la loi de 1901, cent ans après*, préc., p. 305.

[107] Décret n° 2021-1947 du 31 déc. 2021, préc., art. 5, I.

publique s'efface au profit d'une situation de compétence liée, avec toutes les conséquences que cela emporte pour l'administration et le juge qui connaît de ses actes[108].

44. Telles sont les attentes que l'on peut avoir quant à l'apport du contrat d'engagement républicain au régime de la reconnaissance d'utilité publique. Certaines considérations conduisent cependant à les relativiser.

B. Les tempéraments

45. Il est possible de nuancer l'apport du contrat d'engagement républicain au régime de la reconnaissance d'utilité publique. Une première relativisation réside dans le fait que l'association ou la fondation reconnue d'utilité publique ou sollicitant une telle reconnaissance est déjà soumise à un certain nombre d'impératifs visant à satisfaire des exigences peu ou prou similaires à celles que le contrat d'engagement républicain impose. A ce titre, au stade de la demande de reconnaissance, les statuts-types que l'association ou la fondation se doit d'adopter pour être reconnue d'utilité publique fournissent un bon exemple[109]. Ces statuts-types sont élaborés par la Section de l'Intérieur du Conseil d'Etat et font l'objet de modifications de manière

---

[108] V. sur ce point TRUCHET (D.), *Droit administratif*, *op. cit.*, § 695 et s. & PLESSIX (B.), *Droit administratif général*, LexisNexis, coll. « Manuel », 2022, 4ème éd., § 1158 et s.

[109] Ces statuts-types ont le caractère de « ligne directrice » au sens de la jurisprudence CE, 19 sept. 2014, *Jousselin*, n° 364385. V. sur ce point Conseil d'Etat, Sect. de l'Intérieur, *Recueil de jurisprudence sur les statuts types des associations reconnues d'utilité publique*, préc. A noter également que, si dans leur grande majorité les associations ou fondations qui sollicitent cette reconnaissance se retrouvent être quasiment contraintes d'adopter ces statuts, certaines dérogations sont permises pour un motif légitime.

fréquente. La dernière version de ces statuts-types est datée du 28 avril 2020. Le Conseil d'Etat n'a manifestement pas encore jugé utile de les modifier après l'entrée en vigueur du contrat d'engagement républicain, le 2 janvier 2022. Cela pourrait notamment s'expliquer par le fait que les avis rendus par la Section de l'Intérieur à l'occasion de chaque examen d'une demande de reconnaissance d'utilité publique ont fini par établir une véritable jurisprudence.

46. Cette jurisprudence est largement suivie par les autorités compétentes pour reconnaître l'utilité publique d'une association ou d'une fondation[110]. Ainsi, la Section de l'Intérieur rend un avis défavorable à la reconnaissance d'utilité publique d'une association dès lors que, par exemple, ses statuts comportent des atteintes à la liberté d'expression[111], le risque d'une exclusion arbitraire[112] ou encore s'ils font apparaître une discrimination fondée sur l'orientation sexuelle[113]. De même, le Conseil d'Etat oblige à vérifier que les fonds dont l'association bénéficie ne sont pas destinés à un usage cultuel, c'est-à-dire à vérifier que le principe de laïcité n'est pas remis en cause, ce qui implique de dépasser l'abstraction juridique inhérente à l'examen des statuts[114]. Or, toutes ces motivations qui permettent au Conseil d'Etat de formuler des avis négatifs généralement suivis par l'autorité administrative compétente, se retrouvent

---

[110] DUTHEIL (P.-H.) (dir.), *Droit des associations et fondations*, *op. cit.*, étude n° 43, sect. 1, § 3. & POMEY (M.), « Le contrôle par le Conseil d'Etat des associations reconnues d'utilité publique », *EDCE*, 1980-1981, n° 32, p. 135 (actualisation : 1er janv. 1982).

[111] CE, Sect. de l'Intérieur, 7 oct. 2014, *Fédération française de football*, n° 388.720.

[112] CE, Sect. de l'Intérieur, 16 mai 2018, *Scouts et Guides de France*, n° 394.686.

[113] CE, Sect. de l'Intérieur, 10 déc. 2019, *Amicale des Anciens des Essais en Vol*, n° 389.276

[114] CE, Sect. de l'Intérieur, 2 sept. 2008, *Société des Corbières*, n° 381.440.

dans le contrat d'engagement républicain[115]. Il est donc permis de penser que l'entrée en vigueur de ce contrat a simplement transformé une pratique de l'administration – celle de refuser la reconnaissance d'utilité publique sur ces motifs –, en une obligation.

47. L'apport du contrat d'engagement républicain au régime du retrait de la reconnaissance d'utilité publique est plus difficilement nuançable. Evidemment, l'abrogation du décret portant reconnaissance pouvait et peut toujours être prononcée discrétionnairement[116]. Le dispositif étudié vient toutefois réduire l'espace dans lequel s'exerce le pouvoir discrétionnaire. L'administration conserve certes une part de liberté, mais cette liberté ne se déploie désormais qu'hors du champ des sept engagements contenus par le contrat que l'administration *doit* faire respecter. Il reste que, dans la plupart des cas où une reconnaissance d'utilité publique est retirée à une association ou à une fondation, cela résulte d'une démarche volontaire de l'organisme et s'accompagne parfois d'une dissolution également volontaire. Il en résulte que le nombre d'abrogations prononcées par l'administration sur d'autres motifs que la demande de l'organisme ou sa dissolution est tout à fait résiduel[117]. La comparaison entre ce qui était possible avant l'entrée en vigueur du contrat et ce qui est désormais possible après son entrée en vigueur s'en trouve compliquée. Mais cela interroge surtout l'utilité du dispositif puisque l'administration ne semble pas avoir manqué d'un tel outil jusqu'alors.

---

[115] V. les engagements n° 1, 3 & 4 pour ces exemples.

[116] V. sur ce point DUTHEIL (P.-H.) (dir.), *Droit des associations et fondations*, *op. cit.*, sect. 1, § 4, B.

[117] DUTHEIL (P.-H.) (dir.), *Doit des associations et fondations*, *op. cit.*, p. 915 et s.

48. Deux autres considérations permettent encore de discuter l'effectivité des nouvelles obligations pesant sur l'administration. D'abord, l'abrogation du décret portant reconnaissance, dont le prononcé oblige à une procédure contradictoire[118], pourrait s'avérer, en pratique, inutilisable voire contreproductive. Le rapport public du Conseil d'Etat pour l'année 2000 souligne que le retrait de la reconnaissance d'utilité publique « peut apparaître, selon les cas, soit démesurément sévère, et donc inutilisable, si les irrégularités de gestion ou de fonctionnement observées sont vénielles, soit contreproducti[f], lorsque les dérives d'une association sont particulièrement graves, puisqu'elle aurait pour effet de transformer en patrimoine purement privé l'actif que l'association a pu se constituer du fait, principalement, du statut privilégié qui était le sien, et qui, aux termes dudit statut, n'aurait pu, en cas de dissolution, être dévolu qu'à un établissement public ou reconnu d'utilité publique »[119].

49. Ensuite, l'administration ne disposerait ni de moyens matériels et humains, ni de moyens juridiques suffisants pour effectuer un contrôle efficace sur les associations et fondations reconnues d'utilité publique ou sollicitant cette reconnaissance. Plusieurs auteurs ont pu relever le manque de moyens matériels et humains. En 1997 déjà, Yannick BLANC, alors sous-directeur des affaires politiques et de la vie associative au ministère de l'Intérieur, faisait le constat suivant : « on peut estimer que le contrôle des associations reconnues d'utilité publique est progressivement

---

[118] CE, ass., 31 oct. 1952, *Ligue pour la protection des mères abandonnées*, n° 93377, *Leb.* p. 480.

[119] Rapport public du Conseil d'Etat, *Les associations et la loi de 1901, cent ans après*, préc., p. 309.

tombé en désuétude (…) »[120]. Plus de vingt ans après, le Professeur HIEZ fait sensiblement le même constat : « en pratique, le manque de moyens de l'administration entraîne une rareté des contrôles et, conséquemment, des retraits de reconnaissance »[121]. Pour ce qui est du manque de moyens juridiques cette fois, la voix du Conseil d'Etat reflète encore la situation actuelle : « la mise en œuvre des contrôles administratifs est rendue particulièrement ardue (…) par l'absence d'un cadre juridique clairement défini et de procédures formalisées : les contrôles présentent en effet un caractère discrétionnaire et relèvent non de l'initiative des fonctionnaires qui se trouvent au contact des associations mais de celle des préfets ou du ministre lui-même, dont les services d'inspection ne sont souvent pas habilités, par leur statuts, à mener des contrôles auprès des associations »[122].

50. Au demeurant, sous réserve que l'administration s'en saisisse et dispose de moyens suffisants pour ce faire, il apparaît bien que ce soit la réduction des libertés de l'administration pour refuser ou retirer une reconnaissance d'utilité publique qui serait le principal apport du contrat d'engagement républicain au régime de cette reconnaissance. Ce dispositif n'entendant toutefois pas se limiter à régir la reconnaissance d'utilité publique, la question de son apport

---

[120] BLANC (Y.), « La reconnaissance d'utilité publique : du privilège régalien à l'assurance qualité », *Administration*, 1997, n° 176, p. 93. Cité par GARRIGOU-LAGRANGE (J.-M), « Les associations reconnues d'utilité publique », *in L'association. Septième journée René Savatier*, *op. cit*.

[121] HIEZ (D.), « Association – Personnalité morale de l'association », préc., § 251.

[122] Rapport public du Conseil d'Etat, *Les associations et la loi de 1901, cent ans après*, préc., p. 309. Pour un propos similaire, v. BLANC (Y.), « La reconnaissance d'utilité publique : du privilège régalien à l'assurance qualité », préc., p. 93.

au régime de l'agrément d'Etat se pose dans les mêmes termes.

§2. L'apport au régime de l'agrément de l'Etat

51. Il est possible d'envisager et de mesurer l'apport du contrat d'engagement républicain au régime de l'agrément de l'Etat de deux façons. La première consiste à rendre compte des modifications du régime général de l'agrément (**A**). La seconde consiste à mesurer les modifications du régime de certains agréments sur lesquels les pouvoirs publics ont entendu mettre l'accent (**B**).

A. La modification du régime général de l'agrément

52. A l'instar de la reconnaissance d'utilité publique[123], l'agrément emporte pour l'association qui en bénéficie des avantages juridiques et symboliques. Juridiques d'abord, parce que l'agrément est souvent gage de facilité pour l'association, notamment pour exercer certaines actions en justice[124] ou pour bénéficier d'une aide de l'Etat[125]. L'exercice d'une activité peut même être conditionné à la délivrance d'un agrément[126]. Symboliques ensuite, parce qu'un agrément permet d'établir une « relation

[123] V. *supra* n° **38** et s.
[124] V. par ex. l'article 2-14 du Code de procédure pénale qui réserve certaines actions aux associations agréées pour la défense de la langue française, ou l'art. 2-15 du même Code pour les associations agrées pour la défense des victimes d'un accident survenu dans les transports collectifs.
[125] DUTHEIL (P.-H.) (dir.), *Droit des associations et fondations*, *op. cit.*, étude n° 34, spéc. § 34.13 et § 34.32.
[126] V. par ex. l'art. L. 412-2 du Code du tourisme, pour l'agrément « vacances adaptées organisées ».

privilégiée »[127] entre l'association et les autorités publiques. La différence avec la reconnaissance d'utilité publique, outre le fait qu'un agrément peut être délivré par des autorités déconcentrées, réside dans leur multiplicité. Là où il n'existe qu'une seule forme de reconnaissance d'utilité publique[128], il existe une extrême diversité des régimes d'agrément[129]. Pour rationaliser le tout et tendre vers davantage d'homogénéité, le législateur a établi un tronc commun à l'ensemble de ces régimes[130]. Mais l'hétérogénéité demeure. D'un agrément à l'autre, les conditions à remplir sont très disparates. On ne saurait cependant s'en indigner. En effet, chaque régime concerne un domaine d'activité spécifique au sein duquel un petit nombre d'associations agit de façon suffisamment rigoureuse pour pouvoir prétendre au bénéfice d'un agrément qui lui permettra de « faire plus ». Imposer un régime unique serait donc un non-sens puisque cela reviendrait à ignorer la spécificité de chaque domaine d'activité. En revanche, nous le verrons, la diversité des régimes d'agrément ne facilite pas l'analyse des apports de la loi et du décret relatifs au contrat d'engagement républicain.

---

[127] DUTHEIL (P.-H.) (dir.), *Droit des associations et fondations*, *op. cit.*, étude n° 7, § 7.01.

[128] A ceci près que la reconnaissance d'utilité publique figure dans deux textes différents, l'un pour les associations, l'autre pour les fondations. V. *supra* n° **38** et s.

[129] V. par ex. les agréments « maison familiale de vacances » (art. D. 325-19 Code du tourisme) ; « défense des investisseurs » (art. L. 452-1 Code monétaire et financier) ou encore « sécurité civile » (art. L. 725-3 Code de la sécurité intérieure).

[130] L. n° 2000-321 du 12 avril 2000 *relative aux droits des citoyens dans leurs relations avec les administrations*, art. 25-1.

53. Une autre différence avec le régime de la reconnaissance d'utilité publique réside dans le fait qu'il n'existe pas, à notre connaissance, d'agrément à destination des fondations. Ces dernières sont donc exclues de l'analyse ici menée[131]. Cela ne signifie pas que seules les associations peuvent être agréées. Des agréments peuvent en effet être délivrés à d'autres organismes, comme des entreprises[132]. Néanmoins, le champ d'application du contrat d'engagement républicain se limite aux agréments susceptibles d'être délivrés à des associations[133].

54. Depuis la loi du 24 août 2021, l'obtention d'un agrément, en principe délivré pour cinq ans, est donc conditionnée au respect, par l'association, des principes contenus dans le contrat d'engagement républicain. Le respect de ce contrat s'ajoute ainsi aux conditions communes à tous les agréments, suivant lesquelles l'association doit répondre à un objet d'intérêt général, présenter un mode de fonctionnement démocratique et respecter des règles de nature à garantir la transparence financière[134].

---

[131] La loi n° 87-571 du 23 juill. 1987 *sur le développement du mécénat* est muette à ce sujet et il semble en effet que les fondations puissent faire l'objet d'une reconnaissance d'utilité publique, mais pas d'un agrément.

[132] Ainsi par exemple de l'agrément « entreprise adaptée » (art. L. 5213-13 et s. du Code du travail).

[133] V. l'ensemble du décret du 31 déc. 2021 préc. V. pour des précisions : circulaire du ministre de l'Intérieur et des Outre-mer du 10 oct. 2022 relative au contrat d'engagement républicain des associations et fondations bénéficiant de subventions publiques ou d'un agrément de l'Etat, p. 6 [circulaire publiée par le journal en ligne *Mediapart*].

[134] L. n° 2000-321 du 12 avril 2000 *relative aux droits des citoyens dans leurs relations avec les administrations,* art. 25-1.

55. Ce constat ne saurait suffire. Il convient d'interroger plus concrètement les apports des règles relatives au contrat d'engagement républicain vis-à-vis du droit des agréments. Puisque la loi du 24 août 2021 oblige à refuser ou à retirer un agrément à une association qui méconnaîtrait les principes du contrat, il faut opérer une distinction entre les nouveautés introduites dans le régime du refus d'agrément et les nouveautés introduites dans le régime du retrait d'agrément.

56. Pour ce qui est d'abord de la modification du régime de refus d'agréer, il n'est pas certain, là encore, que le dispositif introduit par la loi du 24 août 2021 conduise à autre chose qu'une réduction de la marge de manœuvre de l'administration. La délivrance d'un agrément n'étant pas un droit pour l'association, le juge ne contrôle pas l'opportunité de la décision par laquelle l'administration refuse de le délivrer. Cette dernière dispose donc en principe d'un pouvoir discrétionnaire[135]. Un tel pouvoir ne se retrouve pas dans le cadre du contrat d'engagement républicain : la loi et le décret y afférents ont pour effet principal de contraindre l'administration à refuser de délivrer l'agrément à une association qui ne respecterait pas son contenu.

57. On peut donc également s'attendre à ce que l'administration opère un contrôle plus pointu sur le dossier de demande et prenne en compte des dysfonctionnements beaucoup plus épisodiques (sinon accidentels), eu égard, notamment, au mécanisme d'imputabilité prévu à l'article 5 du décret du 31 décembre 2021[136]. Par exemple, il n'existe pas, à notre connaissance, de refus de délivrer un agrément

---

[135] CE, 28 mai 1965, n° 55519, *Leb*. p. 308 ; CE, 6 juin 2007, *Fédération des arts martiaux traditionnels vietnamiens*, n° 297391, spéc. cons. 5 & CE, 18 avril 2008, *Fédération de rassemblement des arts martiaux vietnamiens*, n° 306357.

[136] V. not. *supra* n° **42**.

fondé sur le non-respect des symboles de la République[137] ou parce que l'association n'aurait pas, compte tenu des moyens dont elle dispose, pris les mesures permettant de lutter contre toute forme de violence à caractère sexuel ou sexiste[138].

58. Cette hypothèse doit toutefois être nuancée. Avant même l'instauration du contrat d'engagement républicain, l'attribution d'un agrément était soumise à un certain nombre de conditions permettant, à l'image du dispositif étudié, de saisir le fonctionnement concret de l'association[139]. Pour ce qui est du tronc commun, ces conditions sont détaillées par une circulaire[140]. Les autres conditions sont déterminées par la règlementation propre à chaque agrément[141]. Inséré dans ces corpus, le contrat d'engagement républicain pourrait s'avérer réitératif. Pour ne prendre qu'un exemple, la délivrance de l'agrément « éducation nationale » aux associations complémentaires de l'enseignement public est régie de longue date par l'article

---

[137] Eng. n° 7 du CER. Une condamnation sur le fondement de l'art. 433-5-1 du Code pénal aurait toutefois certainement pu motiver un tel refus.

[138] Eng. n° 4 du CER. Dans la plupart des cas, le refus est fondé sur le faible nombre d'adhérent (CE, 6 juin 2007, *Fédération européenne de karaté-do et arts martiaux traditionnels*, n° 288211), l'absence de garantie concernant la viabilité financière (CE, 11 janv. 2008, *Institut français de Sambo*, n° 299685) ou le défaut d'indépendance (CE, 23 mai 2003, *Fédération des pratiquants de budo traditionnel*, n° 234399).

[139] L'autorité compétente pour délivrer l'agrément ne peut s'abstraire des conditions soumises à son octroi (CE, 14 mai 2008, *Association pure race lusitanien de France*, n° 280307) comme elle ne peut les outrepasser en règlementant le droit d'association (CE, 21 mai 1986, *Syndicat national des directeurs d'écoles de masso-kinésithérapie et a.*, n° 50939 et n° 50940, *Leb*. p. 143, v. spéc. cons. 8).

[140] Circulaire du Premier ministre du 18 janv. 2010 relative aux relations entre les pouvoirs publics et les associations, spéc. annexe V.

[141] V. par ex. le Titre III du décret n° 95-240 du 3 mars 1995 pris pour l'application de la loi n° 94-665 du 4 août 1994.

D. 551-2 du code de l'éducation, dont le contenu peut être rapproché de celui du contrat d'engagement républicain :

> « L'agrément est accordé après vérification du caractère d'intérêt général, du caractère non lucratif et de la qualité des services proposés par ces associations, de leur compatibilité avec les activités du service public de l'éducation, de leur complémentarité avec les instructions et programmes d'enseignement ainsi que de leur respect des principes de laïcité et d'ouverture à tous sans discrimination »[142].

59. Ensuite, pour ce qui est du retrait d'un agrément, qu'il faut entendre cette fois comme ayant une portée rétroactive[143], la loi et le décret relatifs au contrat d'engagement républicain viennent également restreindre les libertés de l'administration. Par exemple, si le retrait d'un agrément pouvait être motivé par le fait que la manifestation organisée par l'association avait porté atteinte à des biens et à des personnes[144], il est fort à parier que, sous l'égide du contrat d'engagement républicain, ce retrait serait désormais

---

[142] Pour une application récente, v. TA Paris, 22 mars 2023, n° 2114395/1-3. Dans cette affaire, le tribunal administratif a annulé le refus d'agréer une association, motivé notamment par le fait que « l'angle d'approche des interventions de sensibilisation choisi par l'association "possède un biais" en ce que "la laïcité n'est abordée que sous le prisme de la tolérance religieuse", que l'association ne procédait pas à "la déconstruction des préjugés et du fait religieux" » (V. Lettre de jurisprudence du tribunal administratif de Paris, avril 2023, n° 64, p. 16).

[143] La procédure de retrait de principe est régie par l'art. 19 du décret n° 2017-908 du 6 mai 2017. Cet article, auquel il peut naturellement être dérogé, indique qu'un tel retrait s'effectue dans les règles régissant le retrait des actes créateurs de droits. V. pour un ex. de retrait l'arrêté du 13 mai 2014 portant retrait de l'agrément accordé à la Fédération française de full-contact et disciplines associées.

[144] V. CE, 17 avril 2015, n° 382492 & CE, 9 déc. 2015, n° 385153, concl. Domino, spéc. cons. 5 et s.

imposé par l'engagement n° 1. Le mécanisme de l'article 5 du décret du 31 décembre 2021, qui permet d'imputer à l'association le fait d'un seul de ses membres semble aussi modifier l'état du droit. Là où la faute d'un membre d'une association n'apparaissait pas pouvoir justifier le retrait de l'agrément[145], cette disposition rendrait désormais l'hypothèse réalisable.

60. En instaurant le contrat d'engagement républicain, les pouvoirs publics n'ont pas seulement entendu modifier le régime des agréments en général. La lecture de la loi confortant le respect des principes de la République révèle que plusieurs régimes d'agréments déterminés ont été réformés.

B. La modification de régimes particuliers

61. Trois agréments sont directement visés par la loi du 24 août 2021 : l'agrément « service civique » (**1**), celui des fédérations sportives (**2**) et l'agrément « jeunesse et éducation populaire » (**3**). Pour ces agréments, le contrat d'engagement républicain modifie plus en profondeur le droit antérieur ou bien s'applique de manière quelque peu différente.

---

[145] CAA Versailles, 4ème ch., 19 sept. 2017, n° 15VE02992, spéc. cons. 7.

1. La modification du régime de l'agrément « service civique »

62. Créé par la loi du 10 mars 2010[146], le service civique occupe une place de choix dans la politique que l'Etat met en œuvre pour faire participer les citoyens « à la défense et à la cohésion de la Nation »[147]. En témoigne, par exemple, l'augmentation des budgets qui lui sont alloués en réponse aux attentats de 2015[148]. C'est dans cette même logique que la loi du 24 août 2021, animée par l'idée de doter la République de moyens supplémentaires pour affronter ceux qui veulent la déstabiliser[149], est venue modifier le régime de l'agrément dont peuvent bénéficier certains organismes afin qu'ils puissent accueillir des volontaires rémunérés. Ici, par exception, le contrat d'engagement républicain dépasse le champ des associations et peut concerner d'autres entités[150]. Son application est d'ailleurs plus rigoureuse, puisque la loi, tout en élargissant les motifs de refus et de retrait de cet agrément[151], dispose que « les organismes qui n'ont pas

---

[146] L. n° 2010-241 du 10 mars 2010 *relative au service civique*.

[147] V. art. L. 111-1 et s. du Code du service national & L. 120-1 et s. du même Code.

[148] La réponse de l'Etat a toutefois dépassé le stade de la simple augmentation des budgets. V. sur ce point MARION (L.), « Citoyenneté, service civique, service public : une lutte politique contre le terrorisme ? », *in* BOURDON (P.) & BLANC (F.) (dir.), *L'Etat et le terrorisme*, *op. cit.*, p. 224.

[149] V. *supra* n° **5**.

[150] Art. L. 120-30 du Code du service national, à lire avec l'art. L. 120-1, II, al. 1 du même Code.

[151] V. les art. R. 121-45 et s. du Code du service national. Il faut toutefois relever, à titre d'exemple, que l'Agence du service civique a déjà pu motiver un refus renouvellement de la mise à disposition de volontaires, en réponse à ce qui a été identifié comme une forme de prosélytisme religieux (L. A. Coalition, « Suspension du partenariat avec l'agence de services civiques pour l'Alliance Citoyenne de Grenoble », Fiche n° 113 [disponible en ligne sur le site www.lacoalition.fr].

respecté ce contrat ne peuvent être agréés (...) pendant une durée de cinq ans à compter de la constatation du manquement »[152].

2. La modification du régime de l'agrément des fédérations sportives

63. Les fédérations sportives peuvent être agréées par le ministre chargé des sports pour une durée de huit ans renouvelable. Pour obtenir cet agrément, elles doivent désormais s'engager à respecter le contrat d'engagement républicain[153]. Mais le contrat d'engagement républicain auquel est soumise la fédération agréée se prolonge d'un engagement supplémentaire. En d'autres termes, il n'est pas exactement le même que celui annexé au décret du 31 décembre 2021, de sorte qu'il y a ici comme un second contrat. Cet engagement supplémentaire, qui est donc susceptible de justifier un refus d'agréer ou un retrait d'agrément, consiste en une double obligation : la fédération doit promouvoir les valeurs contenues dans le contrat d'engagement républicain et elle doit instaurer des moyens permettant de détecter des comportements que l'on pourrait qualifier de « déviants »[154]. La fédération s'engage en effet à :

> « participer à la promotion et à la diffusion, auprès des acteurs et publics de leur discipline sportive, des principes du contrat d'engagement républicain et d'organiser une formation spécifique des acteurs du sport pour qu'ils disposent des compétences permettant de mieux

[152] Art. L. 120-30 al. 2 du Code du service national.
[153] V. not. LACHAUME (J.-F.), « Fédérations sportives et principes de la République », *JS*, 2021, n° 225, p. 32.
[154] Insérer une référence sur la déviance ?

détecter, signaler et prévenir les comportements contrevenant à ces principes »[155].

Avant même l'entrée en vigueur de la loi et du décret relatifs au contrat d'engagement républicain, la fédération qui sollicitait un tel agrément devait répondre à plusieurs critères dont certains peuvent être rapprochés des engagements dudit contrat : respect de l'ordre public et de la moralité publique, absence de discrimination fondée sur le sexe, obligation d'assurer la sécurité des pratiquants d'une activité sportive ainsi que celle des tiers...[156] D'une manière générale, parce qu'elles ont vocation à participer à l'exécution d'une mission de service public, ces fédérations sont aussi tenues de respecter les règles qui régissent ce service. Mais il n'existait pas jusqu'alors, à notre connaissance, de possibilité de fonder le refus ou le retrait de cet agrément sur l'absence de « promotion » des principes « républicains », ou sur l'absence de mécanisme de détection des comportements qui y contreviendraient[157].

3. La modification du régime de l'agrément « jeunesse et éducation populaire »

64. Le dernier agrément ayant retenu l'attention des pouvoirs publics est celui délivré par le ministre chargé de la

[155] Art. L. 131-8, I, 2° du Code du sport.

[156] Parmi les diverses dispositions qui régissent cet agrément, V. les art. L. 131-8 et R. 131-3 et s. du Code du sport, ainsi que les articles et annexes auxquels ils peuvent renvoyer (qui sont riches d'enseignement).

[157] V. l'art. R. 131-9 du Code du sport pour les motifs justifiant le retrait de cet agrément. Au passage, il faut dire que juge administratif a affiné le contrôle qu'il opère sur le retrait de l'agrément par l'autorité compétente. V. CE, 17 avril 2015, n° 382492, *AJDA*, 2015, p. 1896.

jeunesse et dénommé « jeunesse et éducation populaire »[158]. Cet agrément permet principalement d'obtenir une aide financière du ministère chargé de la jeunesse. Le décret du 31 décembre 2021 a modifié son régime en faisant du manquement au contrat d'engagement républicain un motif de retrait de l'agrément[159]. Toutefois, à l'exception du mécanisme d'imputabilité du fait d'un membre à l'association, la loi permettait déjà de saisir, en droit, un certain nombre de principes que le contrat d'engagement républicain entend réaffirmer. L'article 8 de la loi du 17 juillet 2001 qui régit cet agrément et qui n'a été modifié qu'à la marge, dispose notamment que :

> « L'agrément, délivré pour une durée de cinq ans, est notamment subordonné à l'existence et au respect de dispositions statutaires garantissant la liberté de conscience, le respect du principe de non-discrimination, leur fonctionnement démocratique, la transparence de leur gestion, et permettant, sauf dans les cas où le respect de cette dernière condition est incompatible avec l'objet de l'association et la qualité de ses membres ou usagers, l'égal accès des hommes et des femmes et l'accès des jeunes à leurs instances dirigeantes ».

Encore une fois, il semble que l'existence du contrat d'engagement républicain obligerait l'administration à des contrôles plus approfondis et lui permettrait de se saisir d'événements plus ponctuels pour refuser ou retirer cet agrément.

---

[158] L. n° 2001-624 du 17 juillet 2001 *portant diverses dispositions d'ordre social, éducatif et culturel*, art. 8.

[159] Décret n°2002-571 du 22 avril 2002 pris pour l'application du premier alinéa de l'article 8 de la loi n° 2001-624 du 17 juillet 2001 et relatif à l'agrément des associations de jeunesse et d'éducation populaire, art. 5.

65. Les régimes juridiques de la reconnaissance d'utilité publique et de l'agrément ne sont pas les seuls à avoir été modifiés par l'entrée en vigueur de la loi d'août 2021. La place qui leur a été accordée dans le débat parlementaire est d'ailleurs tout à fait résiduelle en comparaison de ce qu'il en a été pour le pouvoir de subventionnement public des associations et fondations. Un pouvoir qu'il faut aujourd'hui analyser à l'aune des nouvelles contraintes imposées par cette loi, et par le décret du 31 décembre 2021.

SECTION II : LA MODIFICATION DU REGIME DE LA SUBVENTION PUBLIQUE

66. Les propos tenus autour de l'apport du contrat d'engagement républicain au régime de la subvention publique ont pu, à certains égards, sembler contradictoires. Ici on a affirmé que « la loi ajoute clairement à la jurisprudence par le contenu précis du contrat »[160], et là on a davantage appuyé sur « la portée performative de la réaffirmation républicaine »[161]. Il est cependant envisageable de trouver un point d'équilibre entre ces deux positions. Il s'agit dès lors de constater ce qui relève d'un ajout au droit (**§1**), avant de relativiser l'importance de cet ajout (**§2**).

---

[160] HIEZ (D.), « Le contrat d'engagement républicain : l'approfondissement d'une figure connue », *RTD com.*, 2022, p. 103.

[161] TOUZEIL-DIVINA (M.), « La "nouvelle" laïcité des associations : plus républicaine que la République et toujours plus latitudinaire », préc.

§1. L'apport au régime de la subvention publique

67. En droit public, la subvention est de longue date un objet de débats doctrinaux qui tentent d'en saisir les contours et d'en identifier le régime[162]. Toute proposition de définition semble encore sujette à discussion. Certains en parlent comme d'un « don »[163] ou d'une « aide »[164], alors que d'autres réfutent cette qualification[165]. Nonobstant ces débats, il est toutefois possible de s'entendre sur la définition légale de la subvention, à laquelle la loi et le décret relatifs au contrat d'engagement républicain renvoient. Jusqu'en 2014, la définition de la subvention résultait principalement de la jurisprudence. Le législateur est intervenu. Par la loi *relative à l'économie sociale et solidaire*, il a arrêté la définition suivante :

> « Constituent des subventions, au sens de la présente loi, les contributions facultatives de toute nature, valorisées dans l'acte d'attribution, décidées par les autorités administratives et les organismes chargés de la gestion d'un service public industriel et commercial, justifiées par un intérêt général et destinées à la réalisation d'une action ou d'un projet d'investissement, à la contribution au développement d'activités ou au

---

[162] V., dans une littérature très riche, HERTZOG (R.), « Linéaments d'une théorie des subventions », *RFFP*, 1988, n° 23, p. 5, cité par BLANCHON (C.), *Recherche sur la subvention. Contribution à l'étude du don en droit public*, LGDJ, coll. « Bibliothèque de droit public », t. 307, 2019, § 2. V. aussi D'ANGELA (G.), *L'acte de subvention en droit public*, 2010, Thèse, Université Paris I Panthéon-Sorbonne, 677 p.

[163] BLANCHON (C.), *Recherche sur la subvention. Contribution à l'étude du don en droit public*, LGDJ, coll. « Bibliothèque de droit public », t. 307, 2019, 386 p.

[164] V. sur ce point LAMOUROUX (G.), *Les subventions aux entreprises privées. Contribution à l'analyse civile et fiscale de l'acte neutre*, LGDJ, coll. « Bibliothèque de droit privé », t. 630, 2023, § 9.

[165] GALLO (C.), « Nature juridique et régime contentieux de la subvention : à propos de quelques décisions récentes », *RFDA*, 2022, p. 477.

financement global de l'activité de l'organisme de droit privé bénéficiaire »[166].

68. De cette définition, il faut principalement retenir que la subvention n'est pas un droit[167], qu'elle ne constitue pas le paiement d'une prestation, qu'elle est « finalisée par l'intérêt général »[168], et qu'elle est protéiforme en ce sens que la loi fait référence aux contributions facultatives « de toute nature ». La subvention ne revêt donc pas uniquement un caractère pécuniaire. Ainsi, les premières applications du décret du 31 décembre 2021 laissent à penser qu'une occupation temporaire du domaine public à titre gratuit pourrait être entendue comme étant une subvention au sens de la disposition précitée[169]. Certains auteurs relèvent cependant que le juge, bien qu'ayant admis au moins implicitement cette interprétation, semble encore hésitant à son sujet[170].

69. En soumettant l'octroi d'une subvention au respect du contrat d'engagement républicain, la loi vient d'abord

---

[166] L. n° 2014-856 du 31 juillet 2014 *relative à l'économie sociale et solidaire*, art. 59 ajoutant un article 9-1 à la L. n° 2000-321 du 12 avril 2000 *relative aux droits des citoyens dans leurs relations avec les administrations* vers lequel le CER renvoie explicitement en faisant référence à l'art. 10-1 de cette même loi (v. art. 12 de la loi CRPR).

[167] La jurisprudence le reconnaissait déjà. V. l'arrêt de principe en la matière CE, 25 sept. 1995, *Association Connaître et Informer pour Valoriser l'Importance des Citoyens (CIVIC)*, n° 155970, *Leb. T.* p. 694.

[168] BLANCHON (C.), *Recherche sur la subvention*, *op. cit.*, § 239 et s.

[169] CE, ord., 10 mars 2022, *Commune de Chalon-sur-Saône*, n° 462140. Pour l'occupation temporaire à titre gratuit, v. art. L. 2125-1 al. 8 du Code général des collectivités territoriales. Pour une des premières applications du CER impliquant une occupation du domaine public, v. CALVES (G.), « Femme voilée sur une affiche : la laïcité de la République n'est pas en danger », *AJDA*, 2022, p. 1462. V. aussi *infra* n° **207** et s.

[170] CALVES (G.), « Femme voilée sur une affiche : la laïcité de la République n'est pas en danger », préc.

modifier le régime du refus de subventionner une association ou une fondation[171]. De la même manière que pour la reconnaissance d'utilité publique et l'agrément, le dispositif vient ici faire peser une nouvelle obligation sur l'administration, à savoir celle de prononcer un refus dès lors que l'association ou la fondation ne respecte pas les principes du contrat. On peut donc s'attendre, là aussi, à un contrôle plus poussé du fonctionnement de l'organisme sollicitant une subvention. Il demeure assez délicat, à ce jour, de rendre compte de l'ampleur du changement apporté par l'instauration du contrat d'engagement républicain. Cette difficulté trouve une explication dans le fait que, la subvention ne constituant pas un droit, le refus de subventionner n'a pas, en principe, à être motivé[172]. Cela entrave sérieusement la comparaison des motifs pouvant justifier un refus avant et après l'entrée en vigueur du contrat d'engagement républicain. Les administrations n'ont en effet aucun intérêt à motiver leur refus. Celles qui en font tout de même le choix s'exposent à un risque contentieux portant sur le bienfondé de leurs motivations[173]. Les décisions de refus de subventionner une association ou une fondation

---

[171] L. n° 2000-321 du 12 avril 2000, art. 10-1. V. sur ce point D'ANGELA (G.), *L'acte de subvention en droit public*, *op. cit.*, p. 467 et s.

[172] DUTHEIL (P.-H.) (dir.), *Droit des associations et des fondations*, *op. cit.*, § 34.89. Est cité à l'appui du propos l'arrêt CE, 10 oct. 2003, *Association Radio Gué Mozot*, n° 242810. V. aussi, CAA Toulouse, 1ère ch., 22 nov. 2022, n° 21TL00646. D'une manière globale, pour ce qui est du refus comme pour ce qui est du retrait, l'analyse butte donc ici, en partie, sur le faible nombre de contentieux de la matière. En ce sens, Brigitte Clavagnier note que « il est en revanche très rare qu'elles donnent lieu à un contentieux, ne serait-ce que pour ne pas compromettre irrémédiablement les relations de l'association avec ses partenaires publics » (CLAVAGNIER (B.), « Les recours en cas de retrait d'une subvention », *JA*, 1994, n° 95, p. 20).

[173] DUTHEIL (P.-H.) (dir.), *Droit des associations et des fondations*, *op. cit.*, § 34.89.

reposant sur une motivation ayant un intérêt pour mesurer l'apport du contrat d'engagement républicain sont donc rarissimes[174]. L'Observatoire des libertés associatives fait toutefois état de décisions de refus motivées par la constatation d'actes de prosélytisme religieux, ou d'actions de désobéissance civile. Cependant, dans la plupart des cas mentionnés, ces motivations relèvent davantage de l'officieux que de l'officiel, et n'ont pas donné lieu à contentieux[175].

70. Toujours au stade du refus de subventionner, il faut souligner une ambiguïté du régime du contrat d'engagement républicain. On sait pour l'avoir vu, que le la loi et le décret qui y sont relatifs imposent le refus de subventionner l'organisme qui ne respecterait pas le contrat. Mais en même temps, le décret fait du respect du contrat un impératif pour l'organisme qu'à compter du moment où il a été signé[176]. Or, comment peut-on, d'un côté, obliger l'administration à refuser de subventionner en cas de manquement et, d'un autre côté, énoncer que le contrat n'est véritablement opposable qu'une fois signé ? Si un refus peut être justifié par un manquement au contrat, n'est-ce pas que les règles contenues dans ce contrat sont opposables avant toute signature ? Le problème nous semble insolvable, sauf à

---

[174] Pour un exemple de motivation inapte à justifier un refus, v. TA Paris, 26 fév. 1964, *Union Nationale des Etudiants de France*, *Leb*. p. 686.

[175] Observatoire des libertés associatives, « Une nouvelle chasse aux sorcières. Enquête sur la répression des associations dans le cadre de la lutte contre l'islamisme », rapport publié le 1er fév. 2022 [en ligne]. V. dans le même sens : L. A. Coalition, « Ostracisation et coupure de subvention métropolitaine pour l'Alliance Citoyenne de Grenoble », Fiche n° 112 [disponible en ligne sur le site www.lacoalition.fr].

[176] Décret n° 2021-1947 du 31 déc. 2021, art. 5, II : « Les engagements souscrits au titre du contrat mentionné à l'article 1er sont opposables à l'association à compter de la date de souscription du contrat ».

réécrire les textes qui gouvernent le contrat. Il est en effet plus que probable que ce hiatus soit la conséquence d'une erreur d'écriture de la règle.

71. Côté retrait de subvention, évaluer l'apport de la loi confortant le respect des principes de la République est déjà plus aisé[177]. Pour ce faire, il faut d'abord considérer que la décision d'attribuer une subvention est une décision créatrice de droits au profit de son bénéficiaire[178]. Ainsi, suivant la règle de principe posée par la jurisprudence *Ternon*[179] aujourd'hui reprise par la législation[180], une subvention ne peut être retirée, si elle est illégale, que dans le délai de quatre mois suivant son édiction. S'en tenir à cette solution signifierait que, passé ce délai, une subvention ne pourrait plus être retirée par l'autorité qui l'a accordée. Ce serait toutefois porter atteinte à la nature même de ce qu'est l'acte de subvention, à savoir un acte « conditionnel » qui n'est créateur de droits qu'en tant que les conditions soumises à son octroi sont respectées[181]. Ainsi, dès lors que le bénéficiaire ne respecte plus ces conditions, la jurisprudence et la législation admettent que l'autorité subventionnaire *peut*

---

[177] Retrait entendu ici aussi comme un véritable retrait, c'est-à-dire une décision a effet rétroactif.

[178] CE, 5 juill. 2010, *Chambre du Commerce et de l'industrie de l'Indre*, n° 308615. V. sur cette question, LE BRUN (A.), *Les décisions créatrices de droits*, Dalloz, coll. « Nouvelle Bibliothèque de Thèses », vol. 223, 2023, 944 p.

[179] CE, 26 oct. 2001, *M. Éric Ternon*, n° 197018. Dans sa continuité, v. la célèbre jurisprudence CE, 6 nov. 2002, *Mme Soulier*, n° 223041.

[180] Art. L. 242-1 du Code des relations entre le public et l'administration.

[181] V. sur ce point GALLO (C.), *La décision conditionnelle en droit administratif français*, Dalloz, coll. « Nouvelle Bibliothèque de Thèses », vol. 184, 2019, 494 p. & SEILLER (B.), « Acte administratif : régime – Disparition » *in Rép. cont. admin.*, Dalloz, oct. 2020, § 492 et s. & BLANCHON (C.), *Recherche sur la subvention*, *op. cit.*, § 521 et s.

légalement procéder au retrait de la subvention[182], si tant est qu'elle respecte les exigences de légalité externe et suit une procédure permettant au destinataire de la décision de retrait de présenter ses observations[183].

72. Erigé en nouvelle condition d'octroi d'une subvention par la loi, le contrat d'engagement républicain s'additionne aux conditions qui lui préexistaient, comme l'intérêt général attaché à l'activité subventionnée, le respect du principe de spécialité des collectivités publiques, le respect des règles européennes en matière d'aides d'Etat ainsi que des dispositions particulières interdisant le versement d'aides, par exemple l'article 2 de la loi de 1905 posant le principe d'interdiction du subventionnement des cultes[184]. Si, comme il vient d'être dit, un manquement à ces conditions *peut* justifier un retrait des subventions, la loi du 24 août 2021 est plus sévère : dans le cas d'un manquement au contrat d'engagement républicain (et seulement dans ce cadre), le retrait n'est plus une faculté mais une obligation[185].

---

[182] V. par exemple, pour la jurisprudence, CE, 29 mai 1996, *Secrétaire d'État chargée à la mer*, n° 146001, et CE, 7 août 2008, *Crédit coopératif*, n° 285979 ; pour la législation, l'art. L. 242-2, 2° du Code des relations entre le public et l'administration.

[183] V. par ex. CE, 11 déc. 1992, *Société Inéfor*, n° 95716, *RFDA*, 1993, p. 200 & CE 4 oct. 2021, *Agence de l'eau Rhône Méditerranée Corse*, n° 438695. V. sur ce sujet, BOUSSARIE (T.), *La codification de la procédure administrative. Etude autour du code des relations entre le public et l'administration*, Mare & Martin, coll. « Bibl. des Thèses », 2021, 697 p.

[184] DUTHEIL (P.-H.) (dir.), *Droit des associations et des fondations*, *op. cit.*, § 34.35 et s.

[185] L. n° 2000-321 du 12 avril 2000, art. 10-1. V. VILLENEUVE (P.), « Appliquer et contrôler le contrat d'engagement républicain. Conseil et bonnes pratiques à l'attention des collectivités territoriales », *JCP A*, n° 34, 2022, p. 2235.

74. Partant, on ne saurait valablement soutenir que le contrat d'engagement républicain est une « condition » supplémentaire au sens de l'article L. 242-2 du code des relations entre le public et l'administration qui dispose que l'administration peut retirer, sans condition de délai, une décision attribuant une subvention lorsque les conditions mises à son octroi n'ont pas été respectées. L'entrée en vigueur de la loi confortant le respect des principes de la République oblige à procéder à une distinction entre les motifs qui sont à même de justifier un retrait de subvention sur le fondement du régime de droit commun, et ceux qui peuvent justifier un tel retrait sur le fondement des dispositions relatives au contrat d'engagement républicain.

75. Au titre du régime de droit commun, l'article L. 242-2 du code des relations entre le public et l'administration fait référence à des conditions sont celles qui régissent classiquement l'octroi d'une subvention. Elles sont générales et particulières. Générales, en ce sens que toute subvention doit revêtir un intérêt public local et être politiquement désintéressée ; particulières, en raison du fait que chaque autorité subventionnaire peut édicter ses propres conditions. Dans ce dernier cas, il s'agit surtout de soumettre l'octroi d'une subvention à la réalisation d'une activité donnée, ce qui fait l'objet d'un contrôle comptable *a posteriori*. En cas de manquement à une seule de ces conditions, qu'elle soit d'ordre général ou particulier, l'administration dispose de la faculté de retirer la subvention en vertu des dispositions précitées.

76. Au titre du régime spécial instauré par la loi du 24 août 2021, seuls les manquements au contrat d'engagement républicain peuvent justifier un retrait de subvention. Face à un tel manquement, l'administration se trouve dans l'obligation de procéder au retrait de la subvention. C'est en effet ce qui ressort de la lecture de l'article 10-1 de la loi du 12 avril 2000, entièrement créé par la loi de 2021, suivant lequel « s'il est établi que l'association ou la fondation bénéficiaire d'une subvention poursuit un objet ou exerce une activité illicite ou que l'activité ou les modalités selon lesquelles l'association ou la fondation la conduit sont incompatibles avec le contrat d'engagement républicain souscrit, l'autorité ou l'organisme ayant attribué la subvention procède au retrait de cette subvention par une décision motivée, après que le bénéficiaire a été mis à même de présenter ses observations (…) »[186]. Ainsi, parce que le régime de retrait issu de la loi confortant le respect des principes de la République oblige l'administration là où le régime de droit commun ne lui offre qu'une faculté, les deux régimes se côtoient mais ne sauraient coïncider.

77. Le Conseil d'Etat a toutefois semé le trouble dans cette articulation. Il a en effet estimé qu'« un manquement aux engagements souscrits au titre de ce contrat peut entraîner le retrait de la subvention (…) en application des dispositions de l'article L. 242-2 du code des relations entre le public et l'administration »[187]. Selon cette interprétation, les engagements du contrat s'analysent en des conditions au sens de l'article L. 242-2, qu'il convient de respecter pour pouvoir conserver le bénéfice d'une subvention. Ce raisonnement est tout à fait discutable dans la mesure où il implique une superposition de deux régimes *a priori* distincts l'un de l'autre. En d'autres termes, le régime de retrait de droit commun recoupe le régime spécial, ce qui nuit

---

[186] L. n° 2000-321 du 12 avril 2000 *relative aux droits des citoyens dans leurs relations avec les administrations*, art. 10-1, al. 8

[187] CE, 30 juin 2023, *Union syndicale Solidaires et a.*, préc., § 8.

grandement à la lisibilité de leur agencement. L'avenir dira si cette interprétation a vocation à perdurer[188].

78. Nonobstant ces considérations relatives à l'articulation des régimes, une autre remarque doit être formulée si l'on se place sur le terrain contentieux. Comme le souligne Clothilde BLANCHON dans sa thèse, le régime du retrait de la subvention entraîne, passé le délai de quatre mois durant lequel une pluralité de motifs peut être invoquée, une « circonscription du champ des motifs invocables »[189]. En effet, passé ce délai, « seuls les motifs en lien avec le respect des conditions pourront être invoqués »[190]. Dès lors, que les dispositions relatives au contrat d'engagement républicain soient considérées comme des conditions au sens de l'article L. 242-2 du code des relations entre le public et l'administration ou comme constituant un régime distinct, il est permis de penser qu'au regard de l'ensemble des réalités qu'il est susceptible d'embrasser, le contrat d'engagement républicain permettra un élargissement des motifs invocables devant le juge. Autrement dit, il offrirait, dans cette configuration contentieuse, une sorte de nouveau terrain

---

[188] Les paragraphes **74** à **77** reprennent presque mot pour mot ce que nous avons pu écrire à propos d'un jugement rendu par le tribunal administratif de Poitiers. DAVID (P.), « Le contrat d'engagement républicain dans le prétoire », note sous TA Poitiers, 30 nov. 2023, *Préfet de la Vienne*, n°s 2202694 & 2202695, *JCP A*, 2024, n° 22 (à paraître).

[189] BLANCHON (C.), *Recherche sur la subvention*, *op. cit.*, § 542.

[190] *Ibid.* A l'appui de son argumentation, l'auteure renvoie à l'arrêt CE, 26 nov. 1993, *Société industrielle française de tout-terrain*, n° 103579, *Leb.* p. 593, arrêt auquel nous pouvons ajouter un autre arrêt plus récent, dans lequel le retrait est admis moins parce que l'association n'a pas respecté les conditions d'octroi de la subvention, que parce qu'elle n'a pas fourni les informations nécessaires à établir qu'elle l'avait utilisée conformément aux conditions prédéterminées : CAA Paris, 3ème ch., 29 sept. 2020, n° 19PA00597. V. dans le même sens CAA Marseille, 5ème ch., 28 mars 2022, n° 20MA03727.

argumentatif[191]. Pour ne prendre qu'un exemple, la même auteure rappelle la jurisprudence *Distilleries Les fils d'Auguste Peureux* suivant laquelle le juge estime illégal le retrait d'une subvention motivé par le fait que la bénéficiaire faisait l'objet de poursuites pénales. Le juge a en effet estimé que ces poursuites n'empêchaient pas la bénéficiaire de poursuivre l'exécution du projet en vue duquel elle avait obtenu la contribution financière de l'Etat[192]. On peut avancer une hypothèse qui consisterait à soutenir que ce genre de solution pourrait être remis en cause en raison du fait que le contrat d'engagement républicain, à la différence des autres conditions auxquelles sont soumises les subventions, ne s'attache pas à la réalisation d'un objectif déterminé mais régit bien le fonctionnement de l'organisme bénéficiaire et l'ensemble des relations qu'il entretient. Il permettrait alors de saisir un certain nombre de faits qui n'ont pas spécialement de lien avec la réalisation de l'objectif pour lequel la subvention a été octroyée (y compris, pourquoi pas, à des faits ayant donné lieu à des poursuites pénales sinon des condamnations).

79. Il pourra être rétorqué, ainsi que l'a fait le Conseil d'Etat dans son avis sur le projet de loi, que la condition d'intérêt public à laquelle est soumise toute subvention pourrait suffire à appréhender ce genre de situation[193]. La logique exposée par celui-ci consiste à dire qu'un manquement au contrat d'engagement républicain peut s'assimiler à un manquement à la condition d'intérêt public

---

[191] Cette hypothèse semble déjà se vérifier. V. TA Poitiers, 30 nov. 2023, *Préfet de la Vienne*, n°s 2202694, 2202695.

[192] CE, 25 juill. 1986, *Société Grandes Distilleries « Les Fils d'Auguste Peureux »*, n° 22692, spéc. cons. n° 2. V. sur cet arrêt BLANCHON (C.), *Recherche sur la subvention*, *op. cit.*, § 542.

[193] CE, avis du 3 déc. 2020, n° 401549, p. 11.

local, et que, dès lors, le dispositif se trouverait être d'une moindre utilité pour retirer une subvention. Cet argument, s'il peut paraître satisfaisant d'un point de vue global, semble toutefois faire fi de certaines considérations[194]. En particulier, il semble méconnaître l'étendue des potentialités que le contrat d'engagement républicain offre à l'administration et que le critère de l'intérêt public local, à notre connaissance, n'a pas offert à ce jour. Si l'on combine la permissivité des engagements du contrat d'engagement républicain à son mécanisme permettant d'imputer le fait d'un membre à l'association, il est difficile de trouver des retraits de subventions motivés par un manquement à la condition d'intérêt public qui se rapprocheraient de ce que le dispositif étudié rendrait aujourd'hui possible. A titre d'exemple, l'outrage aux symboles nationaux – d'ailleurs infraction pénale[195] –, une « incivilité »[196], ou encore l'approbation d'une provocation à la violence[197] qui serait le fruit d'un membre d'une association, n'a pas, jusqu'alors et à notre connaissance, justifié de retrait de subvention[198].

---

[194] Il est effectivement assez aisé de considérer qu'une association manquant *manifestement* aux engagements du CER ne puisse être subventionnée. Il faut aussi dire qu'au moment où le Conseil d'Etat s'est prononcé, il ne disposait pas de tous les éléments permettant de saisir le CER dans son entièreté (ainsi par ex. du décret du 31 déc. 2021).

[195] Art. 433-5-1 du Code pénal.

[196] Qui correspondrait à un comportement contraire à l'esprit de « civisme », prévu par l'engagement n° 5 du CER.

[197] Eng. n° 5.

[198] On sait en revanche que la provocation à la violence ou à la haine, peut faire partie des éléments justifiant une dissolution administrative de l'association. V. par ex., dans la suite de l'assassinat de Samuel Paty, le décret du 2 déc. 2020 portant dissolution d'un groupement de fait [NOR : INTD2033449D], et l'arrêt CE, 24 sept. 2021, *CCIF*, n° 449215.

80. Sans négliger ces apports – et sans occulter qu'ils se trouvent être pour partie des hypothèses – l'objectivité commande d'accorder une place à la nuance. Un certain nombre d'éléments autorisent effectivement à relativiser la contribution des dispositions relatives au contrat d'engagement républicain à la modification du droit de la subvention.

§2. Un apport à relativiser

81. Des principes figurant aujourd'hui dans le contrat d'engagement républicain permettaient déjà, avant à son entrée en vigueur, d'empêcher le subventionnement des associations et des fondations. Certains engagements du contrat semblent donc faire office de réaffirmation. La première de ces réaffirmations, qui est à la fois explicite dans le contrat mais qui apparaît également en filigrane, est celle du principe dit de neutralité[199]. Deux de ses ramifications peuvent trouver un écho dans le dispositif étudié. D'abord, et c'est la première ramification, il en est ainsi du principe de laïcité, soit la neutralité au sens religieux[200]. Déjà évoqué, ce principe interdit le subventionnement public des cultes, avec toutefois quelques exceptions[201]. Or, avec le contrat

---

[199] V. sur ce point BLANCHON (C.), *Recherche sur la subvention, op. cit.*, § 407 et s.

[200] V. en particulier l'eng. n° 1 du CER & TOUZEIL-DIVINA (M.), « La "nouvelle" laïcité des associations : plus républicaine que la République et toujours plus *latitudinaire* », *AJCT*, 2021, p. 457.

[201] V. pour un ex. d'exception : CE, 10 nov. 1911, *Commune de Saint-Blancard*, n° 31768, *Leb.* p. 1001 (réparation des édifices affectés aux cultes). Sur ces exceptions, y compris pour le droit applicable en Alsace-Moselle, v. DUTHEIL (P.-H.) (dir), *Droit des associations et des fondations*, *op. cit.*, § 34.35 et s. & BLANCHON (C.), *Recherche sur la subvention*, *op. cit.*, § 413 et s. Cela n'exclut évidemment pas des applications rigoureuses de ce principe, puisque la

d'engagement républicain, pèse à nouveau sur les autorités subventionnaires ainsi que sur les organismes subventionnés l'« engagement » de ne pas « remettre en cause le caractère laïque de la République »[202]. Ensuite, et c'est la seconde ramification, le principe de neutralité entendu au sens de neutralité politique ou idéologique[203] se retrouve également, au moins en filigrane, dans le contrat d'engagement républicain[204]. Or, ce principe, s'il connaît lui aussi de tempéraments[205], préexistait bien à l'entrée en vigueur du dispositif. Il est de jurisprudence constante que la décision de subventionner ne doit pas être motivée par des considérations partisanes[206]. Ainsi, par exemple, il est illégal de subventionner une association qui s'est donné pour but de combattre une formation politique légalement reconnue[207],

---

« coloration cultuelle » d'une association peut suffire à interdire son subventionnement (on doit cette expression à M. Kessler. V. KESSLER (D.), « La laïcité », *Pouvoirs*, 2002, n° 100, p. 35 à propos de l'arrêt CE, 9 oct. 1992, *Commune de Saint-Louis*, n° 94455).

[202] Eng. n° 1. On peut y voir également une réaffirmation du principe selon lequel la subvention ne saurait être redistribuée par son bénéficiaire, d'une manière qui « remettrait en cause » le caractère laïque de la République. Sur cette interdiction de principe, v. par ex. CAA Toulouse, 2ème ch., 7 juin 2022, n° 20TL20132. V. aussi, avec un lien plus distendu et pour un *refus* de subvention, le jugement TA Lille, 15 juill. 2022, *Pastel FM*, n° 1906605.

[203] BLANCHON (C.), *Recherche sur la subvention*, *op. cit.*, § 420.

[204] V. en particulier les engagements n° 1 & 4.

[205] Pour un ex. récent, v. CE 8 juill. 2020, n° 425926. V. aussi TA Paris, 12 sept. 2022, n° 1919726, *JA*, 2022, n° 668, p. 10 (jugement pour lequel aucun motif politique n'a toutefois été identifié).

[206] DUTHEIL (P.-H.) (dir.), *Droit des associations et des* fondations, *op. cit.*, § 34.56.

[207] CE, 28 oct. 2002, *Commune de Draguignan*, n° 216706. En 2014, un maire s'est appuyé sur cette jurisprudence pour priver une association d'accès aux locaux que la commune mettait à sa disposition. V. « La subvention à la ligue des Droits de l'Homme supprimée », *Ouest-France*, 8 avril 2014.

qui prend position dans un conflit international[208] ou une association promouvant la création d'un nouveau département[209]. Au sujet de cette neutralité politique, Clothilde BLANCHON tient ce propos qui n'est pas sans rappeler la dimension matricielle de ce principe, ainsi que d'autres engagements du contrat : « au plan constitutionnel, cette exigence renvoie à la liberté de conscience des citoyens, qu'il appartient à la puissance publique de préserver, mais aussi au principe d'égalité duquel découle le principe fondamental de neutralité du service public »[210].

82. Parmi les autres règles qui préexistaient à l'entrée en vigueur du contrat d'engagement républicain et à l'égard desquelles il semble réitératif, mentionnons la législation visant à lutter contre les dérives sectaires. On se situe ici sur le terrain de la liberté de conscience, qui figure à l'engagement n° 2 du contrat d'engagement républicain, et sur celui de la dignité humaine telle que l'engagement n° 6 l'entend. L'engagement n° 2 prévoit que « l'association ou la fondation s'engage à respecter et protéger la liberté de conscience de ses membres et des tiers, notamment des bénéficiaires de ses services, et s'abstient de tout acte de prosélytisme abusif exercé notamment sous la contrainte, la menace ou la pression ». L'engagement n° 6 prévoit quant à lui que l'association « s'engage à ne pas créer, maintenir ou exploiter la vulnérabilité psychologique ou physique de ses membres et des personnes qui participent à ses activités à

---

[208] CE, 23 oct. 1989, *Commune de Pierrefitte-sur-Seine*, n° 93331, *Leb.* p. 209. Pour un contre-exemple, v. CE, 28 juill. 1995, *Commune de Villeneuve-d'Ascq*, n° 129838.

[209] CAA Bordeaux, 13 mars 2007, *Commune d'Ainhoa*, n° 05BX01230, cité par BLANCHON (C.), *Recherche sur la subvention*, *op. cit.*, § 423 note 41.

[210] BLANCHON (C.), *Recherche sur la subvention*, *op. cit.*, § 421. Ce propos se rattacherait par exemple aux engagements n° 1, 2 & 4 du CER.

quelque titre que ce soit, notamment des personnes en situation de handicap, que ce soit par des pressions ou des tentatives d'endoctrinement ». Nul doute qu'avant même l'entrée en vigueur du contrat d'engagement républicain, la subvention accordée à un organisme qui ne respecterait pas ces exigences aurait été illégale. En effet, la loi sur la prévention et la répression des mouvements sectaires aurait très certainement permis de répondre à cette situation[211]. Les organismes se rendant coupables de telles pratiques pouvant être dissous, la subvention qui leur aurait été accordée en serait rendue illégale car octroyée à un groupement n'ayant aucune existence juridique[212]. Le Haut Conseil à la Vie Associative semble d'ailleurs être de cet avis[213].

83. Suivant la même logique, l'article 3 de la loi de 1901 relative au contrat d'association, qui rappelle l'engagement n° 1 du contrat d'engagement républicain, dispose que « toute association fondée sur une cause ou en vue d'un objet illicite, contraire aux lois, aux bonnes mœurs, ou qui aurait pour but de porter atteinte à l'intégrité du territoire national et à la forme républicaine du gouvernement, est nulle et de nul effet ». Dès lors, une subvention accordée à une association qui ne respecterait pas cette disposition serait également illégale car octroyée à un groupement de fait.

---

[211] L. n° 2001-504 du 12 juin 2001 *tendant à renforcer la prévention et la répression des mouvements sectaires portant atteinte aux droits de l'homme et aux libertés fondamentales*.

[212] L. n° 2001-504 du 12 juin 2001, art. 1.

[213] HCVA, avis concernant le projet de décret pris pour l'application de l'article 10-1 de la loi n° 2000-321 du 12 avril 2000 et approuvant le contrat d'engagement républicain des associations et fondations bénéficiant de subventions publiques ou d'un agrément de l'État, 3 déc. 2021. Dans le même sens, v. Conseil national de l'évaluation des normes, délibération n° 20-11-23-02373 du 23 nov. 2020.

84. Mais ces deux dernières solutions présentent toutefois un caractère radical. Elles constitueraient en quelque sorte un paroxysme dans les sanctions envisageables, puisqu'elles obligent au prononcé d'un acte de dissolution ou à la constatation de la nullité du contrat d'association. Elles ne permettraient pas de saisir des manquements auxdits principes avec la finesse qu'entend instaurer le contrat d'engagement républicain. Ces sanctions font de la subvention un acte illégal uniquement « par ricochet » : la subvention n'est pas illégale en elle-même, mais elle le devient uniquement parce que le groupement qui en est le destinataire est devenu illicite. Ensuite, pour certaines de ces sanctions, la loi fait référence aux fondements et à l'objet de l'association, c'est-à-dire à ses statuts[214]. Elle ne permet donc pas nécessairement d'appréhender l'association autrement que par la « fiction juridique »[215]. Les dispositions relatives au contrat d'engagement républicain autoriseraient donc, selon les interprétations qui en seront données, à remédier à ces problématiques. D'une part, elles permettraient de sanctionner l'association d'un retrait de subvention sans recourir à la dissolution ou à la constatation de nullité. D'autre part, toujours dans la perspective d'un retrait de subvention, elles permettraient d'appréhender les activités de l'association au-delà de ses statuts, c'est-à-dire, dans sa réalité quotidienne.

85. Nonobstant cette hypothèse, d'autres considérations conduisent encore à relativiser l'apport du contrat d'engagement républicain au régime de la subvention, mais également son utilité pratique. D'abord parce qu'il existe

---

[214] Ainsi en est-il de l'article 3, préc., de la loi du 1er juill. 1901

[215] Rapport public du Conseil d'Etat, *Les associations et la loi de 1901, cent ans après*, préc., p. 305. (V. *supra* n° **42**).

une sorte de préhistoire de ce dispositif. Les autorités subventionnaires disposant d'une marge de manœuvre dans la définition des conditions auxquelles elles entendent soumettre l'octroi de leurs subventions, certaines d'entre elles ont pu établir des formes de chartes qui se rapprochaient plus ou moins du contrat d'engagement républicain. Ainsi par exemple de la Charte des engagements réciproques signée en 2014 par l'Etat, les représentants des collectivités territoriales et le Mouvement associatif, mais dont la valeur juridique est toutefois restée incertaine[216]. On peut donc plutôt faire référence à la « charte régionale de la laïcité et des valeurs républicaines » élaborée par la région des Hauts-de-France[217]. Encore plus récemment, la région Auvergne-Rhône-Alpes a adopté une charte visant à « défendre les valeurs de la France et la laïcité » qui entend

[216] Signée par l'Etat, le Mouvement Associatif et des représentants de collectivités territoriales, la Charte est disponible en ligne sur le site www.lemouvementassociatif.org. V. aussi « Associations : Bilan de la Charte des engagements réciproques », 30 mai 2017 [disponible en ligne sur le site www.associations.gouv.fr]. Son absence du décret n° 2016-1971 du 28 déc. 2016 occupe une place de choix dans l'argumentaire soutenant sa valeur non-contraignante. Pourtant, on trouve des décisions juridictionnelles qui font une forme d'application de documents similaires, sans toutefois que les modalités d'application soient étayées par le juge, et avec un raisonnement quelque peu lacunaire (V. CAA Versailles, 17 janv. 2023, *Association Centre de loisirs ChnéOr*, n° 20VE02332 & GROSSHOLZ (C.), « Pourquoi condamner la ségrégation sexuelle lorsque l'on peut galvauder le principe de laïcité ? », *AJDA*, 2023, p. 727).

[217] Disponible en ligne sur le site www.aides.hautsdefrance.fr. Cette charte, que l'association sollicitant une subvention doit signer, affiche ouvertement un objectif de « rappel » et de « réaffirmation ». D'autres collectivités publiques ont pu établir ce type de document. La métropole de Lille avait par exemple produit un document tout à fait comparable, dénommé « Charte de respect des valeurs de la République et du principe de laïcité » [disponible en ligne sur www.lillemetropole.fr]. On peut encore citer la « Charte de respect des valeurs de la République du préfet de l'Essonne ».

conditionner l'octroi des subventions régionales[218]. On peut toutefois penser que ces documents poursuivent un but symbolique et que leur légalité demeure discutable[219].

86. Enfin, sur le plan stratégique, le contrat d'engagement républicain pourrait s'avérer d'une utilisation délicate pour les autorités publiques. Ainsi, alors qu'elles n'ont en principe pas à motiver leur décision de refus de subventionner[220], le contrat d'engagement républicain pourrait les inciter à motiver ces décisions sur son fondement, les exposant ainsi à un contentieux qui engagerait leur responsabilité dans le cas où le refus serait annulé par le juge. Un exemple qui concerne non le refus mais le retrait d'une subvention permet d'illustrer ce propos. Le maire de Châlons-sur-Saône avait autorisé une association à tenir un stand sur le domaine public communal, lors d'un forum associatif organisé pour la « journée de la femme ». Pour annoncer sa participation au forum, l'association a diffusé un visuel représentant six

---

[218] Sur cette charte, v. « Auvergne-Rhône-Alpes : Une charte sur "les valeurs de la France" défendue par Laurent Wauquiez fait bondir l'opposition », *20 minutes*, 17 mars 2022. Bien avant l'adoption de cette charte, le Président de Région envisageait de supprimer des subventions pour incitation à la haine. V. « Villeurbanne : Wauquiez veut supprimer les subventions d'un festival antifa », *Le Point*, 7 sept. 2021.

[219] V. sur ce point, le rapport n° 3797 rect., fait au nom de la commission spéciale chargée d'examiner le projet de loi confortant le respect des principes de la République, par M. F. Boudié, t. 1, Assemblée nationale, 25 janv. 2021, p. 75, faisant référence à l'arrêt CE, 1er mars 1950, *Ville de Paris*. V. aussi à l'appui : Observatoire des libertés associatives, « Une nouvelle chasse aux sorcières. Enquête sur la répression des associations dans le cadre de la lutte contre l'islamisme », préc., p. 25 [en ligne]. V. surtout CALVES (G.), « Laïcité (charte régionale des valeurs de la République) : illégalité partielle », *D.*, 2018, p. 2309.

[220] Le refus doit toutefois être motivé dès lors que des conditions particulières ont été établies par l'autorité subventionnaire. CE, 25 sept. 1995, *Association Connaître et Informer pour Valoriser l'Importance des Citoyens*, n° 155970, *Leb. T.* p. 694.

femmes anonymes, dont l'une portait un voile. Informé de ce visuel, le maire a immédiatement retiré l'autorisation d'occupation domaniale. Le principal motif avancé par celui-ci tenait à ce que le principe de laïcité était méconnu, alors que l'association s'était engagée à le respecter en souscrivant au contrat d'engagement républicain. En référé, le tribunal administratif de Dijon et le Conseil d'Etat lui ont successivement donné tort[221]. Cette illustration permet donc de supposer que le contrat d'engagement républicain inciterait les administrations à justifier des refus ou des retraits de subventions selon des motivations qui, à terme, pourraient être estimées illégales par le juge. Par conséquent, ces mêmes autorités s'exposeraient théoriquement à des recours en responsabilité en vertu du principe selon lequel toute illégalité est fautive[222]. D'autant plus que, pour le moment, la jurisprudence relative au contrat d'engagement républicain est balbutiante. Pour les autorités subventionnaires, il y a donc, pour l'instant, une sorte de zone d'insécurité juridique.

---

[221] CE, ord., 10 mars 2022, *Commune de Chalon-sur-Saône*, n° 462140. Sur cet arrêt, v. CALVES (G.), « Femme voilée sur une affiche : la laïcité de la République n'est pas en danger », préc.

[222] Principe tiré de l'arrêt CE, 26 janv. 1973, *Ville de Paris c. Driancourt*, n° 84768, *Leb*. p. 77. Pour une application aux contentieux des subventions, v. CE, 20 juin 2012, *Commune de Dijon*, n° 342666.

CONCLUSION DU CHAPITRE I

87. A titre principal, que ce soit pour la reconnaissance d'utilité publique, les agréments ou la subvention publique, l'analyse du contrat d'engagement républicain au prisme de son objet révèle un accroissement des contraintes pesant sur l'administration. L'emploi du présent de l'indicatif par les textes régissant ce contrat – l'administration « refuse » ou « retire » – suffit à convaincre que l'administration a vu ses compétences discrétionnaires se réduire au profit de nouvelles obligations. Aussi, de manière quelque peu contre-intuitive, il est possible de penser qu'en certaines occurrences, ce rétrécissement de l'espace de liberté se fera au profit d'un élargissement des motifs pouvant justifier un refus ou un retrait. Enfin, le contrat d'engagement républicain pourrait permettre de saisir avec plus de subtilité des situations qui, autrefois, appelaient des solutions plus sévères.

88. Il a cependant été vu que l'apport des dispositions relatives au contrat d'engagement républicain à l'état du droit antérieur à son instauration peut être relativisé pour plusieurs raisons. D'une part, certaines pratiques administratives préexistantes à l'entrée en vigueur de la loi du 24 août 2021 permettaient déjà de répondre, de façon plus ou moins satisfaisante, aux problématiques identifiées par le législateur. D'autres pratiques en revanche, empêcheraient actuellement la pleine effectivité du contrat d'engagement républicain. Ainsi en est-il, par exemple, de la faiblesse des contrôles opérés par l'administration sur la réalité concrète de la vie associative. En second lieu, une autre série de considérations tient à l'existence de règles qui, avant l'entrée en vigueur de ce dispositif, étaient déjà à même de justifier un refus ou un retrait de subvention. Parmi ces règles, ont par exemple été évoqués le principe de laïcité tel qu'issu de la loi de 1905 sur la séparation des Eglises et de l'Etat, le principe de neutralité politique ou encore la législation en vigueur sur la lutte contre les dérives sectaires.

89. Pour étudier le contrat d'engagement républicain d'une autre manière, sans doute conviendrait-il d'élargir la réflexion sur la réitération normative ou du moins de dépasser l'exercice fastidieux qui consiste à énumérer les similitudes entre une règle « A » et une règle « B ». Un auteur a d'ailleurs récemment soutenu que « la répétition semble toujours être à mi-chemin entre la pure et simple reprise à l'identique et la création »[223]. Pour Jean-Baptiste GUYONNET, « la réitération est une action ambivalente, dont le résultat est souvent incertain, posant toujours la question de la limite entre l'énoncé "réitératif" et l'énoncé "nouveau". La reprise à l'identique d'une disposition peut avoir des sens très différents en droit, dépendant en partie des effets juridiques qui lui sont associés »[224].

90. Il est donc probable que les potentialités qu'offrent les dispositions relatives au contrat d'engagement républicain et donc leur véritable nouveauté se révéleront davantage par l'usage qu'en fera de l'administration sous le contrôle du juge que par l'étude scrupuleuse des textes. L'administration est en effet la première à être chargée d'interpréter les

---

[223] GUYONNET (J.-B.), *Les réitérations de norme. Essai de conceptualisation à partir du contentieux administratif français*, Dalloz, coll. « Nouvelle Bibliothèque de Thèses », vol. 234, 2024, § 1 et autres occurrences. V. aussi, GIRARD (A.-L.), *RFDA*, 2023, p. 1153.

[224] GUYONNET (J.-B.), *op. cit.*, § 15.

engagements républicains. L'application du contrat d'engagement républicain dépendra donc également du degré auquel elle s'estime liée par ce dispositif. En fonction de l'intensité ce degré, le contrat d'engagement républicain pourrait être soit une véritable obligation d'application stricte, soit un nouveau moyen, plutôt souple, que l'administration aurait à disposition pour sanctionner une association ou une fondation[225]. Quant au juge, il sera chargé, en cas de contentieux, d'entériner ou de rejeter telle ou telle interprétation donnée du contrat, si tant est qu'il soit un « contrat ».

---

[225] En ce sens, v. notre avis exprimé à propos du jugement rendu par le tribunal administratif de Poitiers le 30 nov. 2023 : DAVID (P.), « Le contrat d'engagement républicain dans le prétoire », note sous TA Poitiers, 30 nov. 2023, *Préfet de la Vienne*, n°s 2202694 & 2202695, *JCP A*, 2024, n° 22 (à paraître).

CHAPITRE II : LA NATURE DU CONTRAT D'ENGAGEMENT REPUBLICAIN

80. Se poser la question de la nature du contrat d'engagement républicain consiste en réalité à se poser la question de savoir si son intitulé – il est présenté comme un « contrat » – correspond ou non à une réalité juridique. Il est possible de répondre par la négative à cette interrogation : le contrat d'engagement républicain est marqué du sceau de l'unilatéralité (**Section I**). Pour autant, à plusieurs égards et au-delà même de son intitulé, il apparaît en effet mobiliser une « approche contractuelle » ou un « habillage contractuel » qu'il faut interroger (**Section II**)[226].

[226] En ce sens, v. le propos des Professeurs Chassagnard-Pinet et Hiez : « Faut-il pour autant rejeter ces contrats "in-civils" hors du champ de notre recherche ? Tout l'intérêt de cette réflexion nous paraît, au contraire, procéder de l'attrait suscité par le modèle contractuel qui conduit à solliciter ce dernier hors de son champ originel ». (CHASSAGNARD-PINET (S.) & HIEZ (D.), « Le système juridique français à l'ère de la contractualisation », *in* CHASSAGNARD-PINET (S.) et HIEZ (D.) (dir.), *La contractualisation de la production normative*, Dalloz, coll. « Thèmes & commentaires », 2008, p. 3).

SECTION I : L'UNILATERALITE DU DISPOSITIF

81. L'unilatéralité du contrat d'engagement républicain est palpable. Elle découle naturellement du fait qu'il ne crée pas d'obligations de nature contractuelle (**§1**). Pour autant, il faut bien relever que la nature contractuelle ou non de ce dispositif a pu être la source de certaines équivoques qui, pour certaines, persistent (**§2**).

§1. L'absence de lien contractuel

82. A plusieurs niveaux, le contrat d'engagement républicain apparaît pétri d'unilatéralité. En premier lieu, il est un dispositif déconnecté de la notion juridique de contrat (**A**). En second lieu, les dispositions le régissant s'appliquent à des actes – reconnaissance d'utilité publique, agrément et subventionnement – qui sont des actes unilatéraux, même si la question de la nature contractuelle de la décision de subvention a pu être posée (**B**).

A. Un dispositif déconnecté de la notion juridique de contrat

83. La simple évocation d'un « contrat » d'engagement républicain devrait suffire à ce que les juristes s'interrogent sur la véritable nature de ce dispositif. La question ne leur a effectivement pas échappé, tout comme elle n'a pas échappé aux parlementaires qui n'ont pas cessé, avant de s'y résigner, de dénoncer une falsification du « contrat » tel qu'il est entendu en droit[227]. Il faut dire qu'au premier regard, le contrat d'engagement républicain peut faire naître un doute sur sa nature, notamment pour deux raisons. La première est résumée par une question du Professeur ANCEL : « est-on encore en présence d'un contrat lorsque les effets attribués à l'acte sont totalement prédéterminés par la loi ? »[228]. La seconde raison réside quant à elle dans le fait que la loi entretient une ambiguïté en prévoyant que les associations et les fondations concernées doivent « souscrire » au contrat d'engagement républicain. Ainsi présentée, la législation laisse à penser que cette souscription est le résultat d'une démarche volontaire qui traduirait donc en partie un « accord de volontés » typique du contrat[229].

84. Ces deux considérations ne doivent toutefois tromper personne : le « contrat » d'engagement républicain n'est en vérité pas un contrat au sens juridique du terme. Plusieurs éléments permettent d'en attester, mais leur analyse suppose d'abord de s'entendre sur une définition minimale, sinon minimaliste, du contrat. Qu'elle soit privatiste ou publiciste, la doctrine la plus autorisée en la matière s'accorde en général sur plusieurs caractéristiques qui permettent

---

[227] V. par ex. les propos des députés Buffet et Genevard, tenus lors de la deuxième séance du 1er fév. 2021 (Ass. nat., XVe législature, session ordinaire de 2020-2021) ; les propos du député Darhéville, tenus lors de la deuxième séance du 2 fév. 2021 (Ass. nat., XVe législature, session ordinaire de 2020-2021), ainsi que les propos de F. Clavairoly, N. Cadène, E. de Moulins-Beaufort et M. Moussaoui – qui ne sont toutefois pas parlementaires – *in* Rapport n° 454 (2020-2021) de Mmes J. Eustache-Brinio et D. Vérien, fait au nom de la commission des lois, t. 2, déposé le 18 mars 2021, respectivement p. 10, 26, 50 et 149.

[228] ANCEL (P.), « « Contractualisation et théorie générale du contrat : quelques remarques méthodologiques », *in* CHASSAGNARD-PINET (S.) et HIEZ (D.), *Approche renouvelée de la contractualisation*, préc., p. 21.

[229] Si l'on s'en tient à la définition classique de l'art. 1101 du Code civil.

d'identifier un contrat. Il est généralement entendu comme étant l'acte juridique émanant d'un accord de volontés entre au moins deux personnes, qui est en lui-même créateur d'obligations[230]. Or, si l'on peut considérer que l'annexe au décret du 31 décembre 2021 précisant le contenu du contrat d'engagement républicain est un acte juridique et que toutes les règles qui en régissent l'usage sont également des actes juridiques (de différentes natures, certes), c'est bien là le seul point commun qu'entretiendrait ce dispositif avec la notion juridique de contrat[231].

85. Souscrire à ce « contrat » revient simplement à cocher une case dans un formulaire de demande de subvention ou d'agrément[232]. Dans le cas où il n'est pas procédé à cette souscription – c'est-à-dire dans le cas où la case n'est pas

[230] La présente esquisse de définition a été élaborée en comparant les écrits suivants : GHESTIN (J.), « Contrat » *in* ALLAND (D.) & RIALS (S.) (dir.), *Dictionnaire de la culture juridique*, PUF-Lamy, coll. « Quadrige - Dicos Poche », 2003, p. 276 et s. ; CORNU (G.), *Vocabulaire juridique*, PUF, coll. « Quadrige », 12ème éd., 2018, entrée « Contrat » p. 260 et s. ; FABRE-MAGNAN (M.), *Droit des obligations*, PUF, coll. « Thémis droit », 6ème éd., 2021, p. 185 et s. ; HOEPFFNER (H.), *Droit des contrats administratifs*, *op. cit.*, § 68 et s. & VAN LANG (A.) et *al.*, *Dictionnaire de droit administratif*, Dalloz-Sirey, 8ème éd., 2021, entrée « Contrat » p. 145 et s.

[231] C'est-à-dire, de manière tout à fait classique, une « manifestation de volonté destinée à produire des effets de droit » / « qui apporte une modification à l'ordonnancement juridique » (*Lexique des termes juridiques*, Dalloz, 30ème éd., 2022-2023, entrée « Acte juridique », p. 25).

[232] Décret n° 2021-1947 du 31 déc. 2021, art. 3. Cette simple formalité pose la question de savoir si le « processus contractuel » est un élément d'identification du contrat, auquel cas il faudrait savoir si, dans le cadre du CER, on peut parler d'un tel processus. Mais il semble à certains auteurs que l'existence ou non d'un processus contractuel n'est pas forcément un critère d'identification du contrat, raison pour laquelle il n'en est pas fait mention dans le corps du texte (HOEPFFNER (H.), *Droit des contrats administratifs, op. cit.*, § 69). Certaines autorités prennent des initiatives plus poussées qui se rapprochent encore d'un tel processus (v. *infra* n° **158** et s.).

cochée –, l'autorité compétente se trouvera obligée de refuser d'accéder à la demande pour laquelle elle a été sollicitée. Il n'est donc point question ici d'un accord de volontés : pour pouvoir prétendre à une subvention ou à un agrément, souscrire au contrat d'engagement républicain est une condition à laquelle il n'est tout simplement pas possible de déroger.

86. Il n'est donc point question ici d'un accord de volontés. Souscrire au contrat d'engagement républicain est une condition à laquelle il n'est tout simplement pas possible de déroger. Prévu par la loi et le règlement, il n'est pas porteur en lui-même d'obligations contractuelles réciproques. D'une part, en s'engageant à le respecter, l'association ou la fondation ne fait rien d'autre que de se soumettre aux normes qui régissent les droits de la subvention et des agréments. D'autre part, la collectivité qui a la charge de le faire respecter ne fait, elle non plus, rien d'autre que répondre aux obligations légales et règlementaires qui sont les siennes. Le contrat d'engagement républicain ne crée donc aucun lien juridique de nature contractuelle entre une association ou une fondation et une collectivité publique donnée.

87. Ce n'est donc pas un contrat mais plutôt un nouvel agglomérat de règles qui s'inscrit lui-même dans un ensemble de règles plus large, régissant les rapports entre une partie de la société civile et les administrations, et plus précisément l'octroi d'une subvention, la délivrance d'un agrément et la reconnaissance d'utilité publique à une association ou à une fondation. Trois types d'actes qui ne font pas non plus naître d'obligations de nature contractuelle.

B. Un dispositif applicable à des actes unilatéraux

88. Que l'acte par lequel une autorité reconnaît d'utilité publique une association ou une fondation soit un acte unilatéral ne fait aucun doute. La décision portant reconnaissance d'utilité publique intervient par décret, et n'a pour effet que de placer l'association ou la fondation sous un régime juridique particulier prévu par la loi du 1er juillet 1901, et détaillé par des actes règlementaires[233]. Le doute n'a pas non plus lieu d'être quant à la nature unilatérale de l'acte par lequel une autorité agrée une association. Dans la plupart des cas, ce dernier acte prend la forme d'un arrêté ministériel[234] ou préfectoral[235], et n'a pour autre effet que de placer l'association dans une situation légale et/ou règlementaire propre à chaque agrément.

89. La nature des actes par lesquels une collectivité publique décide de subventionner une association ou une fondation est plus délicate. La Professeure GALLO note la « qualité remarquable qu'ont de tels actes à relativiser la *summa divisio* des actes unilatéraux et des contrats »[236]. Elle relève qu'en la matière « la doctrine se heurte aux classifications binaires du droit administratif »[237]. La décision

[233] V. par ex. le décret du 2 février 1976 qui a reconnu d'utilité publique « Amicale des réseaux action de la France combattante » & le décret du 25 mars 1992 qui reconnait d'utilité publique la fondation « Les Villages de Santé en Haute Altitude ». Pour un aperçu du régime juridique général, v. *supra* n° **37** et s.

[234] V. par ex. l'arrêté du 6 janvier 2023 portant agrément de l'association « Foodwatch France ».

[235] V. par ex. l'art. R. 141-3 du Code de l'environnement.

[236] GALLO (C.), « Nature juridique et régime contentieux de la subvention : à propos de quelques décisions récentes », *RFDA*, 2022, p. 477. V. aussi sur ce sujet, V. sur ce sujet, quoique quelque peu daté désormais, EPRON (Q.), « Les contrats de subvention », *RDP*, 2010, n° 1, p. 63 à 89.

[237] *Ibid*.

de subvention, d'une part en tant qu'acte conditionnel (dont les conditions peuvent pour certaines être négociées et faire l'objet d'une « convention »), et d'autre part en tant que dépendante de la volonté de l'autorité administrative (elle répond d'un pouvoir discrétionnaire), a en effet ce « visage inhabituel »[238] qui la place comme à équidistance entre l'acte unilatéral et le contrat.

90. Pour autant, ainsi que le souligne la Professeure GALLO, le juge administratif s'est attelé à rapprocher le régime de la subvention de celui traditionnellement attaché à l'acte unilatéral. Cinq décisions que l'auteure relève permettent de rendre compte, brièvement, de ce glissement du régime de la subvention vers le régime de l'acte unilatéral[239]. La première d'entre elles affirme que la subvention est un acte créateur de droits au profit de son bénéficiaire, dont le retrait doit être soumis au régime protecteur afférent, quand bien même la subvention prendrait la forme d'une convention[240]. La deuxième empêche le bénéficiaire d'une subvention de rechercher la responsabilité contractuelle de l'Etat pour défaut d'exécution de cette convention, mais lui permet uniquement de rechercher « sa responsabilité quasi-délictuelle en mettant en évidence l'existence d'une faute »[241]. La troisième déclare explicitement qu'« une décision qui a pour objet l'attribution d'une subvention constitue un acte unilatéral » et relève du contentieux de

---

[238] *Ibid*.

[239] Pour les développements qui suivent, la subvention est principalement entendue dans un sens pécuniaire.

[240] CE, 5 juill. 2010, *Chambre de Commerce et d'Industrie de l'Indre*, n° 308615.

[241] GALLO (C.) « « Nature juridique et régime contentieux de la subvention : à propos de quelques décisions récentes », préc., résumant l'arrêt CE, 26 juill. 2011, n° 324523.

l'excès de pouvoir[242]. La quatrième, fait des subventions des *décisions individuelles* créatrices de droit[243]. Enfin, la cinquième parachève cette position en ajoutant que leur caractère conditionnel ne constitue pas un obstacle à ce qu'elles soient des actes unilatéraux[244].

91. Rapportées au contrat d'engagement républicain, ces considérations peuvent légitimement interroger. Son apparition pourrait en effet être perçue comme entrant en contradiction frontale avec ce mouvement jurisprudentiel. Il marquerait l'intention du législateur de rétablir une approche contractualiste de la subvention, là où la matière est désormais empreinte d'unilatéralité. Il semble toutefois peu probable que cette interprétation de la volonté du législateur gagne le prétoire ou plus largement qu'elle investisse le champ juridique. Si le contrat d'engagement républicain s'inscrit certainement dans un mouvement qui tend à responsabiliser les bénéficiaires d'une subvention[245], d'une part il n'est pas un contrat et, d'autre part, il n'a pas pour objet de modifier la nature de l'acte de subventionnement. Son objet n'est effectivement pas de faire de la subvention un acte contractuel, mais simplement d'ajouter des conditions à son octroi et à son maintien.

---

[242] CE, avis, 29 mai 2019, *SAS Royal Cinéma*, n° 428040, § 3. Sur les débats relatifs à la classification des recours, v. not. LEPETIT-COLLIN (H.) & PERRIN (A.), « La distinction des recours contentieux en matière administrative. Nouvelles perspectives », *RFDA*, 2011, p. 813.

[243] CE, 4 oct. 2021, *Agence de l'eau Rhône Méditerranée et Corse*, n° 438695, § 3.

[244] CE, 9 déc. 2021, *FranceAgriMer* n° 433968, § 4. Pour une décision résumant l'ensemble de ces considérations, tout en les appliquant à un refus de verser des subventions à une association, v. TA Lille, 15 juill. 2022, *Pastel FM* n° 1906605 (jugement préc.).

[245] V. *infra* n° **114** et s.

92. Pour autant, bien qu'il ne soit pas un contrat et que, de surcroît, il régisse des actes administratifs unilatéraux, la question de la nature du contrat d'engagement républicain a pu engendrer quelques équivoques.

§2. Les équivoques engendrées

93. Si la nature juridique du contrat d'engagement républicain ne doit pas tromper, force est de constater que les ambiguïtés véhiculées ont pu semer un doute et générer des approximations. Certains auteurs ont par exemple pu estimer que ce dispositif était comparable à un contrat d'adhésion, c'est-à-dire à un contrat « dont les conditions générales, soustraites à la négociation, sont déterminées à l'avance par l'une des parties »[246]. Mais, à cet argument, il a pu être justement rétorqué qu'aucune des deux « parties » au « contrat » n'en prédéterminait les conditions générales[247]. En fin de compte, métaphoriquement, « le contrat d'engagement républicain est passé avec la République elle-même »[248] et les autorités publiques ayant la charge d'en assurer le respect au premier chef, « n'en sont que des représentants »[249].

---

[246] Art. 1110 du Code civil. V. par ex. VILLENEUVE (P.), « Appliquer et contrôler le contrat d'engagement républicain Conseil et bonnes pratiques à l'attention des collectivités territoriales », *JCP A*, n° 34, 2022, p. 2235. V. le propos du député De Courson *in* Rapport n° 4239, fait au nom de la commission spéciale, chargé d'examiner le projet de loi confortant le respect des principes de la République et de lutte contre le séparatisme, par M. F. Boudié, Ass. nat., t. 2, 9 juin 2021, p. 74.

[247] HIEZ (D.), « Le contrat d'engagement républicain : l'approfondissement d'une figure connue », *RTD com*. 2022, p. 103.

[248] *Ibid*.

[249] *Ibid*.

94. En raison de sa prétendue nature contractuelle, s'est également posée la question de la modification du contrat d'engagement républicain par chaque collectivité publique[250]. Le raisonnement sous-jacent tenait à ce qu'un « contrat » liant en principe deux parties, il semblait possible pour au moins une d'entre elles d'en déterminer le contenu. Or, le contrat d'engagement républicain n'est pas un contrat et, à l'évidence, s'il est possible pour chaque collectivité de prévoir son propre formulaire de demande de subvention ainsi que ses propres conditions[251], les principes républicains, tels que formalisés par décret, ne sauraient ni être modifiés autrement que par décret, ni être absents des formulaires propres à chaque collectivité[252]. En d'autres termes, les sept engagements référés peuvent être complétés par d'autres conditions édictées par une collectivité donnée, mais leur rédaction ne peut être modifiée par elle[253].

---

[250] Il a notamment été rapporté que « La région Auvergne-Rhône-Alpes, présidée par Laurent Wauquiez, a quant à elle pris l'initiative de réécrire le CER, notamment pour l'appliquer à tous ses partenaires, et non seulement aux associations, ou en supprimant « l'identité de genre » de la liste des discriminations interdites » (« Le Mouvement associatif appelle à abroger le contrat d'engagement républicain », *Mediapart*, 26 janv. 2023 [consulté le 1er fév. 2023].

[251] V. *supra* n° **71** et s.

[252] Décret n° 2021-1947 du 31 décembre 2021, art. 3. En cela, le CER diffère des cahiers des clauses administratives générales (CCAG) que l'on retrouve en matière de marchés publics. Si, en effet, il y a une certaine forme de proximité entre ces deux objets, le CER, à la différence des CCAG, est obligatoire et ne saurait souffrir d'aucune dérogation.

[253] TA Lyon, ord., 20 mai 2022, *Ligue des droits de l'Homme*, n° 2203794. Cette ordonnance rapporte que la Région Auvergne-Rhône-Alpes a, *par une délibération*, complété les sept engagement d'un énoncé visant à interdire au bénéficiaire d'une subvention « le port de tenues vestimentaires traduisant une quelconque forme de prosélytisme religieux dans un équipement public, à l'exception des représentants des cultes ».

95. L'idée de pouvoir modifier ou « personnaliser » le contrat d'engagement républicain apparaît aussi en contradiction manifeste avec son objectif d'unifier, à l'échelle nationale, les conditions auxquelles sont soumises les associations et les fondations pour pouvoir prétendre au bénéfice d'une subvention[254].

96. Certains auteurs, à l'instar de Clothilde BLANCHON, ont également pu souligner les équivoques de la décision du Conseil constitutionnel sur la question de la nature du contrat d'engagement républicain. Selon cette auteure, en formulant une réserve d'interprétation selon laquelle le retrait de la subvention pour manquement aux principes républicains « ne saurait, sans porter une atteinte disproportionnée à la liberté d'association, conduire à la restitution de sommes versées au titre d'une période antérieure au manquement au contrat d'engagement »[255], le Conseil constitutionnel « semble s'être fait prendre au piège des mots »[256]. Toujours selon elle, le raisonnement du Conseil serait teinté d'une approche « contractualiste »[257], dès lors qu'« il semble ainsi conférer une valeur contractuelle réelle à cet engagement, ou du moins, délier l'association de toute obligation antérieure »[258].

97. Une autre lecture de cette réserve pourrait toutefois être avancée. Elle consisterait à assimiler le retrait d'une subvention pour manquement au contrat d'engagement républicain à une sanction administrative. Bien que la notion

---

[254] V. not. l'étude d'impact du projet de loi, 8 déc. 2020, p. 81.

[255] Cons. const., déc. n° 2021-823 DC, préc., § 25.

[256] BLANCHON (C.), « Le service public et les associations au secours de la République », *AJDA*, 2021, p. 2072.

[257] *Ibid*.

[258] *Ibid*.

soit sujette à débats[259], la sanction administrative s'entend globalement comme un acte administratif unilatéral synonyme de « punition d'un manquement à une obligation déterminée »[260] par un texte. Partant, la réserve émise par le Conseil constitutionnel pourrait être perçue non comme la reconnaissance d'une valeur contractuelle, mais comme la volonté de prévoir un régime de retrait protecteur semblable à celui qu'il attache à l'édiction des sanctions administratives. L'intérêt de cette assimilation résiderait alors dans le rapprochement opéré avec les garanties offertes en matière pénale, interdisant de sanctionner un organisme pour des faits antérieurs à la constatation du manquement reproché[261].

---

[259] V. par ex. VIEL (M.-T.), « Errements des sanctions administratives », *AJDA*, 2007, p. 1006. Pour un propos plus actuel concentré sur la distinction « sanction administrative » / « mesure de police administrative », v. PAGET-BLANC (N.), « La distinction entre mesure de police administrative et sanction administrative », *in* DUPRE DE BOULOIS (X.) (dir.), *Les classifications en droit administratif*, Mare & Martin, coll. « ISJPS », 2021. Plus récemment encore, v. JANICOT (L.) & BOURDON (P.) (dir.), *Les sanctions administratives : identité(s), pouvoir(s), contrôle(s)*, PU Cergy-Pontoise, coll. « LEJEP », 2023, 238 p. Il faut remarquer que le CER se prête tout particulièrement au débat portant sur l'identification d'une telle sanction, dans la mesure où d'une part il oblige la « punition » d'un manquement, et, d'un même mouvement, cette punition « prévient » d'un éloignement des « principes républicains ».

[260] VAN LANG (A.), *Dictionnaire de droit administratif*, *op. cit.*, entrée « Sanction » p. 519. V. aussi sur cette notion, PLESSIX (B.), *Droit administratif général*, *op. cit.*, § 891 et s.

[261] De longue date, le juge Constitutionnel prévoit un régime protecteur. V. not. Cons. const., déc. n° 88-248 DC du 17 janv. 1989 ; Cons. const., déc., n° 89-260 DC du 28 juill. 1989 & Cons. const., déc., n° 2012-280 QPC du 12 oct. 2012. Sur ce point v. CHRETIEN (P.), *Droit administratif*, Sirey, coll. « Université », 18ème éd., 2022, § 659. Pour leur prise en compte par le CER, v. not. l'art. 5, II, du décret n° 2021-1947 du 31 déc. 2021.

98. Deux séries de remarques appellent à relativiser cette hypothèse, ou du moins sa portée. D'une part, les termes employés par le Conseil constitutionnel ne permettent pas de trancher franchement entre les deux interprétations évoquées. La voie est libre pour formuler d'autres suppositions. D'autre part, soulignons, avec le Professeur MODERNE, que la qualification du retrait de subvention pour manquement au « contrat » comme sanction administrative est loin d'aller de soi à l'échelle du juge administratif. Il appartient en effet à ce dernier, « espèce par espèce, de déterminer ce qu'il en est et d'adapter en conséquence le régime applicable à la qualification retenue »[262]. Et, de surcroît, avec la Professeure GALLO cette fois, relevons que le caractère « conditionnel » de la subvention ne facilite pas l'identification d'une sanction en cas de retrait, puisque cette caractéristique fournit au juge administratif des « solutions inédites afin de contourner la qualification et le régime juridique des sanctions administratives »[263].

99. En tout état de cause, indépendamment du sens qu'il faudrait ou non lui donner, cette réserve d'interprétation adoucit le régime du retrait de la subvention fondé sur la violation du contrat d'engagement républicain. L'étendue de la rétroactivité de ce retrait rencontre en effet une limite, à savoir la date du manquement aux principes républicains.

---

[262] MODERNE (F.), « Les sanctions administratives », *RFDA*, 2002, p. 483.

[263] GALLO (C.) « « Nature juridique et régime contentieux de la subvention : à propos de quelques décisions récentes », préc. Mises à part les décisions relatives à la déchéance de nationalité, il est effectivement difficile de trouver des décisions assimilant le retrait d'un acte à une sanction (v. par ex. CE, 22 mars 2023, n° 471511). V. aussi, Conseil d'Etat, « Le juge administratif et les sanctions administratives », 9 janv. 2017 [Dossier thématique disponible en ligne sur le site du Conseil d'Etat : www.conseil-etat.fr].

Cela neutralise la crainte que certains auteurs ont pu exprimer, suivant laquelle le contrat d'engagement républicain serait une forme d'« engagement perpétuel »[264].

100. S'il est une institution qui ne s'est pas laissée tromper quant à la nature juridique du contrat d'engagement républicain, c'est bien le Conseil d'Etat. Dans sa fonction consultative, il dénonçait déjà que le contrat d'engagement républicain n'était pas un « vrai contrat »[265]. Il y a fort à parier qu'il en tirera les conséquences dans ses fonctions contentieuses, notamment en refusant de statuer en tant que « juge du contrat »[266].

101. L'unilatéralité du contrat d'engagement républicain en tant que dispositif juridique laisse donc très peu de place au doute. L'analyse opérée accrédite l'hypothèse suivant laquelle « sous couvert d'horizontalité, ce sont de nouvelles verticalités qui s'instaurent »[267]. C'est bien d'un masque contractuel dont il est ici question, ou, en d'autres termes, de « l'habillage d'un droit qui demeure foncièrement unilatéral »[268] et qu'il faut interroger.

---

[264] V. parmi d'autres, HIEZ (D.), « Le contrat d'engagement républicain : l'approfondissement d'une figure connue », préc.

[265] CE, avis, 3 déc. 2020, n° 401549, p. 11.

[266] V. sur ce point, MONSEMBERNARD (M. de), « Pouvoirs mis en œuvre par le juge du contrat », *in Rép. cont. admin.*, Dalloz, § 161 et s. [actualisation fév. 2021]. Sur le dialogue entre fonction juridictionnelle et fonctions non juridictionnelles du Conseil d'Etat, v. ETAME SONE (V.), *Les incidences contentieuses des fonctions non juridictionnelles du Conseil d'État. Étude sur la dualité fonctionnelle*, Mare & Martin, coll. « Bibl. des Thèses », 2023, 880 p.

[267] CHASSAGNARD-PINET & HIEZ, « Présentation », *in* CHASSAGNARD-PINET (S.) et HIEZ (D.) (dir.), *Approche renouvelée de la contractualisation*, Presses universitaires d'Aix-Marseille, 2007, p. 12.

[268] CHASSAGNARD-PINET (S.) & HIEZ (D.), « Le système juridique français à l'ère de la contractualisation », *in* CHASSAGNARD-PINET (S.) & HIEZ (D.)

SECTION II : UN HABILLAGE CONTRACTUEL

102. Les promoteurs du contrat d'engagement républicain ont entendu, à certains égards, lui faire revêtir les apparences d'un contrat, notamment en instillant une « logique contractuelle », qui se décline et s'observe sous plusieurs aspects (**§1**). De ce constat, un objectif transparaît : à travers la mobilisation d'une logique contractuelle, c'est bien une ambition de « responsabilisation » qui se fait jour (**§2**).

§1. L'instauration d'une « logique contractuelle »

103. L'instauration d'une logique contractuelle résulte ici du mariage de deux éléments. Le premier consiste en l'établissement d'un « discours contractuel » (**A**). Le second consiste en l'affiliation de ce discours à un objet déterminé. C'est en effet ce sur quoi porte le discours qui finit d'inoculer cette logique au sein du dispositif (**B**). De la sorte, malgré son caractère artificiel, elle exsude du contrat d'engagement républicain, voire lui semble immanente.

(dir.), *La contractualisation de la production normative*, Dalloz, coll. « Thèmes & commentaires », 2008, p. 9.

A. Le « discours du contrat »[269]

104. Le contrat d'engagement républicain, comme d'autres dispositifs juridiques qui l'ont précédé[270], mobilise un « discours contractuel », c'est-à-dire un champ lexical qui, traditionnellement, est attaché à celui du « contrat ». Au-delà de ce qui semble être un pléonasme insistant (un « contrat *d'engagement* »)[271], la loi en prescrit la « souscription » par toute association ou fondation sollicitant la reconnaissance d'utilité publique, un agrément ou une subvention publique. Elle reprend donc une notion familière du droit des contrats – la souscription –, laquelle se définit classiquement comme une « signature à titre d'engagement »[272]. Plus encore, son contenu fait figurer des énoncés appelés « engagements », et dont les travaux parlementaires révèlent qu'ils devaient originellement être qualifiés de « stipulations »[273].

105. Le contrat d'engagement républicain s'inscrit dans un mouvement, très documenté par les juristes civilistes, qui

---

[269] L'expression est ici empruntée au Professeur Mekki (MEKKI (M.), « Le discours du contrat : quand dire, ce n'est pas toujours faire », *RDC*, 2006, p. 297).

[270] V. *infra* n° **121** et s.

[271] Dans son avis sur le projet de loi, le Conseil d'Etat recommandait à cet égard l'abandon des termes de « contrat d'engagement » au profit de ceux d'« engagement républicain ». V. CE, 3 déc. 2020, n° 401549, p. 11. La Haute-Juridiction reprend néanmoins l'ensemble de ce vocabulaire dans ses décisions juridictionnelles (v. par ex. CE, ord., 4 mars 2022, *Ligue des droits de l'Homme et a.*, n° 462048).

[272] CORNU (G.) (dir.), *Vocabulaire juridique*, PUF, coll. « Quadrige », 12ème éd., 2018, entrée « Souscription », p. 982.

[273] Rapport de M. F. Boudié (n° 4156 à l'Assemblée nationale) et de Mmes J. Eustache-Brinio et D. Vérien (n° 590 (2020-2021) au Sénat) fait au nom de la commission mixte paritaire chargée de proposer un texte sur les dispositions restant en discussion du projet de loi confortant le respect des principes de la République et de lutte contre le séparatisme, 12 mai 2021, p. 90.

consiste à dévoyer le jargon contractuel pour espérer profiter de la valeur qui lui est attachée[274]. Ainsi que l'a proposé le Professeur HIEZ, le contrat d'engagement républicain est donc une « figure connue »[275]. Or, ces dernières années, plusieurs critiques relatives au mésusage de la notion de contrat ont pu être formulées à l'encontre du législateur[276]. On retrouve dans ces critiques, l'idée, au moins latente, que le droit n'est pas un jeu[277] et que « ce n'est pas impunément [...] que l'on étouffe systématiquement la réalité sous la fiction »[278]. Deux séries de critiques sont identifiables et peuvent être reprises à l'encontre du contrat d'engagement républicain.

---

[274] V. sur ce point MEKKI (M.), « Le discours du contrat : quand dire, ce n'est pas toujours faire », préc. D'une manière plus générale, le dévoiement de la notion de contrat ainsi que même, parfois, l'usage qui est fait du contrat, a pu être décrié. Pour une analyse d'ensemble sur cette thématique, v. la série d'ouvrages dirigée par les Professeurs Hiez & Chassagnard-Pinet : *Approche critique de la contractualisation*, LGDJ, coll. « Droit et Société. Recherches et Travaux », 2007, 222 p. ; *Approche renouvelée de la contractualisation*, Presses universitaires d'Aix-Marseille, 2007, 176 p. & *La contractualisation de la production normative*, *op. cit*.

[275] HIEZ (D.), « Le contrat d'engagement républicain : l'approfondissement d'une figure connue », *RTD com.*, 2022, p. 103.

[276] Dans son rapport public pour l'année 2008, le Conseil d'Etat rappelle le propos de Léon Duguit : « Beaucoup de difficultés naissent dans le droit de la mauvaise terminologie. Il faudrait pourtant, une fois pour toutes, employer les mêmes mots pour désigner les mêmes choses, et des mots différents pour désigner ces choses différentes ». V. Rapport public du Conseil d'Etat, *Le contrat, mode d'action publique et de production de normes*, La documentation Française, coll. « EDCE », 2008, n° 59, p. 91. Sur l'importance du langage, v. aussi TROPER (M.), *La philosophie du droit*, *op. cit.*, p. 27.

[277] Pour reprendre l'expression de la Pr. Fabre-Magnan *in* FABRE-MAGNAN (M.), *L'institution de la liberté*, PUF, coll. « Quadrige », 2ème éd., 2023, préface.

[278] WEIL (P.) & POUYAUD (D.), *Le droit administratif*, PUF, coll. « Que sais-je », 26ème éd., 2021, p. 40.

106. La première série de critiques porte sur un des buts poursuivis par le législateur lorsqu'il dévoie le discours contractuel. Il s'agit de contribuer à la légitimation de la règle autrement que par le processus démocratique : en réinventant l'usage de la terminologie contractuelle, le législateur cherche à la rendre plus acceptable ou à susciter une « plus grande adhésion »[279]. Parce qu'il est conçu comme un accord de volontés, le contrat est en effet censé représenter l'acte qui a mis tout le monde d'accord. En reprenant son langage, l'idée du législateur est de valoriser le consentement et, *in fine*, l'engagement pris par untel ou untel[280].

107. Parmi les griefs les plus caustiques exprimés à l'encontre de cet objectif, on retrouve ceux prononcés par le Professeur MEKKI. Ce dernier craignait, dès 2006, une « indigestion sociale »[281] due aux abus de langage. Il dénonçait alors une « rhétorique contractuelle », une « inflation verbale » qui transforme le contrat en « formule incantatoire », allant même jusqu'à voir dans cela « un nouveau modèle de régulation sociale »[282]. Il citait alors une phrase que l'on doit à Paul RICŒUR, tout à fait à propos : « Ce ne sont pas les énoncés qui réfèrent, mais les locuteurs qui font référence : ce ne sont pas non plus les énoncés qui ont un sens ou signifient, mais ce sont les locuteurs qui veulent

---

[279] V. sur cette idée MEKKI (M.), « Le discours du contrat : quand dire, ce n'est pas toujours faire », préc.

[280] Parmi les critiques sur la place accordée au consentement en droit, croissante selon cette auteure, v. par ex. FABRE-MAGNAN (M.), *L'institution de la liberté*, PUF, 1ère éd., 2018, p. 53 et s. qui consacre un chapitre dense aux « leurres du tout-consentement ».

[281] MEKKI (M.), « Le discours du contrat : quand dire, ce n'est pas toujours faire », préc.

[282] *Ibid.*, pour l'ensemble des propos entre guillemets.

dire ceci ou cela, qui entendent une expression en tel ou tel sens »[283].

108. Une seconde série de critiques s'attaque davantage aux conséquences qu'emporterait le dévoiement du vocabulaire contractuel. Certains auteurs avancent en effet l'idée que cette logorrhée contribuerait à « brouiller les frontières classiques érigées entre les différentes sources du droit »[284], notamment entre ce qui relève de l'unilatéralité (la loi et le règlement par exemple) et ce qui relève de la bilatéralité (le contrat). Le même Professeur MEKKI a pu alerter : « ce que le mot contrat gagne en extension il le perd en compréhension »[285]. Pour d'autres, cette « dilution des notions »[286] est aussi la manifestation d'une « crise »[287] de légitimité de l'acte unilatéral. Des auteurs interprètent en effet la « contractualisation d'obligations de texture institutionnelle »[288] comme un autre facteur du « dépouillement des valeurs qui assuraient l'autorité du

[283] *Ibid*. citant RICŒUR (P.), *Soi-même comme un autre*, Le Seuil, coll. « Points-Essais », 1996, p. 58 [rééd.].

[284] CHASSAGNARD-PINET (S.) & HIEZ (D.), « Le système juridique français à l'ère de la contractualisation », *in* CHASSAGNARD-PINET (S.) & HIEZ (D.) (dir.), *La contractualisation de la production normative*, *op. cit.*, p. 3.

[285] MEKKI (M.), « Le discours du contrat : quand dire, ce n'est pas toujours faire », préc.

[286] L'expression est empruntée au Professeur Touzeil-Divina (TOUZEIL-DIVINA (M.), « La "nouvelle" laïcité des associations : plus républicaine que la République et toujours plus latitudinaire », préc.).

[287] Par ex. MATHIEU (B.), *La loi*, Dalloz, coll. « Connaissance du droit », 3ème éd., 2010, p. 69, où l'on peut lire que la loi est « malade ». Dans le même sens, v. PLESSIX (B.), *Droit administratif général*, *op. cit.*, p. 27 et s., & p. 38 et s. pour un propos plus nuancé.

[288] LATINA (M.), « Contrat : généralités – Principes directeurs du droit des contrats », *in Rép. dr. civ.*, Dalloz, 2017 (act. nov. 2021), § 112, citant la Pr. Rochfeld.

droit »[289]. Ils font ainsi sourdre l'idée d'un cercle vicieux qui s'auto-entretiendrait : le développement de « stratégies d'adhésion »[290] à la règle unilatérale est à la fois cause et conséquence de la crise qu'elle subit[291].

109. A plus d'un titre, les critiques ici relatées sont tributaires de l'importance que chacun attache aux termes employés par la norme, ce qui les fragilise[292]. Si l'on suspendait notre analyse à ce stade, on pourrait nous objecter que la difficulté sémantique est largement surmontable et qu'elle ne saurait suffire à instaurer une logique contractuelle. Mais il se trouve que les pouvoirs publics n'ont pas entendu instaurer une telle logique en misant uniquement sur la sémantique contractuelle. En effet, pour parvenir à établir un semblant de contractualisme et pour que les mots pèsent plus lourd, encore fallait-il que le discours du contrat porte sur un objet crédible.

---

[289] CHASSAGNARD-PINET (S.) & HIEZ (D.), « Le système juridique français à l'ère de la contractualisation », préc., p. 28. Le propos a été quelque peu remanié ici. Le voici retranscrit de manière exacte : « Dépouillé des valeurs qui en assuraient l'autorité, le droit doit désormais faire la preuve d'une légitimité qui lui était jusqu'alors inhérente ».

[290] CHASSAGNARD-PINET (S.) & HIEZ (D.), « Le système juridique français à l'ère de la contractualisation », préc., p. 19. Sur l'idée de « considération du droit », v. aussi BRUNET (F.), « La contrainte du droit », *Pouvoirs*, 2022, n° 177, p. 71 à 82.

[291] Ce qui semble également être de l'avis du Conseil d'Etat. V. Rapport public du Conseil d'Etat, *Le contrat, mode d'action publique et de production de normes*, préc., p. 135 et s.

[292] V. ROMI (R.), « Des mots et des images : libres propos sur l'impuissance publique du droit » *in Environnements. Mélanges en l'honneur du Professeur Jean-Philippe Colson*, Presses universitaires de Grenoble, 2004, spéc. p. 83 & MOUNIN (G.), « La linguistique comme science auxiliaire dans les disciplines juridiques *», Archives de Philosophie du Droit*, 1974, t. 19, p. 12

B. L'objet du discours

110. Plusieurs éléments sont ici concernés par le discours contractuel : les principes républicains d'une part et, d'autre part, la reconnaissance d'utilité publique, l'agrément et la subvention publique. Chacune de ces deux faces est érigée en contrepartie de l'autre. Du côté des associations et des fondations, il faut respecter les principes du contrat pour pouvoir prétendre à l'octroi d'une subvention et, du côté des autorités subventionnaires, l'octroi de la subvention trouvera une garantie – sinon une contrepartie[293] –, dans le respect de ces principes par l'organisme bénéficiaire. Est ici feinte une sorte de réciprocité, c'est-à-dire une dimension synallagmatique bien connue du droit des contrats[294].

111. Non loin de cette logique synallagmatique – il en est sans doute même de son essence –, se trouve la logique de l'échange. Puisqu'il implique ce qui pourrait s'assimiler à un marché, le contrat d'engagement se prêterait à une lecture sous un prisme économique[295]. L'étude des travaux parlementaires permet d'ailleurs de mettre au jour une critique à ce sujet. Pour certains, « contracter » à propos de principes républicains conduirait à une forme de réification de ces principes. Ils se trouveraient réduits à des objets de

[293] Il suffit ici de rappeler que l'agrément des fédérations sportives entraîne pour elles une *obligation de promotion* des principes du CER (V. *supra* n° **63** et *infra* n° **221**).

[294] CORNU (G.), *Vocabulaire juridique*, *op. cit.*, entrée « Synallagmatique », p. 1010 : « Qui engendre des obligations réciproques et interdépendantes ».

[295] V. sur ce point DEFFAINS (B.) & LANGLAIS (E.) (dir.), *Analyse économique du droit. Principes, méthodes, résultats*, De Boeck, coll. « Ouvertures économiques », 2009, p. 24 et s. & MACKAAY (E.) et *al*. (dir.), *Analyse économique du droit*, Dalloz-Les éditions Thémis, coll. « Méthodes du droit », 3ème éd., 2021, spéc. § 240 et s.

commerce au détriment de leur valeur juridique et politique parfois éminente[296]. Car le contrat « métamorphose les choses qu'il touche en objets échangeables, et donc substituables »[297]. Ce type de critique n'a pas été l'apanage du personnel politique, loin s'en faut[298]. Il est des voix au sein de la doctrine qui se sont élevées en ce sens. Le Professeur MORANGE, par exemple, a pu déplorer qu'il ne soit pas demandé « aux intéressés d'adhérer à des principes spécifiques à l'activité ou au domaine considéré mais de respecter des principes très généraux, de valeur constitutionnelle, qui s'imposent à tous »[299].

112. Sans doute convient-il de nuancer cet aspect du contrat d'engagement républicain. La reconnaissance d'utilité publique, l'agrément et la subvention publique ont toujours été des actes délivrés à condition de répondre à certaines exigences et pour la réalisation d'objectifs déterminés. La « logique contractuelle » telle que nous l'avons décrite, a comme toujours été intrinsèque à leurs

---

[296] Parmi de nombreux propos, v. par ex. ceux de la députée Untermaïer et du député De Courson *in* Rapport n° 4239, fait au nom de la commission spéciale, chargé d'examiner le projet de loi, modifié par le Sénat après engagement de la procédure accélérée, confortant le respect des principes de la République et de lutte contre le séparatisme, par M. F. Boudié, Assemblée nationale, t. 2, 9 juin 2021, respectivement p. 19 & 75 pour Mme Untermaïer, et p. 74 pour M. De Courson.

[297] SUPIOT (A.), « Les deux visages de la contractualisation : déconstruction du Droit et renaissance féodale » *in* CHASSAGNARD-PINET (S.) & HIEZ (D.) (dir.), *Approche critique de la contractualisation*, *op. cit.*, p. 24.

[298] Bien avant l'entrée en vigueur du CER, le Pr. Supiot tenait ce propos qui n'est pas sans rappeler le débat sur le CER : « Faire du contrat la source première du Droit conduit à voir en toute chose l'objet possible d'un contrat » (*Ibid.*).

[299] MORANGE (J.), « Les associations », *RFDA*, 2021, p. 824. L'auteur ajoute que « le législateur donne le double sentiment que les principes qui y sont mentionnés sont supérieurs à d'autres et que l'on peut cependant s'en affranchir à condition de ne pas demander de subventions ».

régimes juridiques. Puisse notamment en témoigner le débat sur la nature juridique de la subvention[300]. Le contrat d'engagement républicain ne ferait donc qu'accroître ou accentuer cet aspect « bilatéral », avec une nouveauté symbolique qui n'est pas négligeable : il porte sur des principes juridiques érigés en insignes de la République française.

113. Il est un autre objectif que la mobilisation de cette logique contractuelle poursuit. Sous-jacent dans l'analyse menée jusqu'alors, il mérite un traitement particulier. En instaurant une dynamique contractuelle, les pouvoirs publics ont cherché, de manière assumée, à responsabiliser un certain nombre d'acteurs.

§2. L'instauration d'une logique de responsabilisation

114. La responsabilisation des acteurs dans leurs diverses relations juridiques est assurément une mécanique à l'œuvre en droit français. Certains auteurs spécialisés en philosophie politique y voient même une nouvelle technique de gouvernement[301]. Sans aller aussi loin, il faut toutefois relever qu'elle s'observe en effet dans une multitude de domaines juridiques (**B**). Le contrat d'engagement républicain est une nouvelle expression de ce mouvement de responsabilisation. En plus de pouvoir l'inscrire dans ce

---

[300] V. *supra* n° **89** et s.

[301] V. par ex. HACHE (E.), « La responsabilité, une technique de gouvernementalité néolibérale ? », *Raisons politiques*, 2007, n° 28, p. 49 à 66. Sur une idée proche exprimée cette fois par la doctrine juridique, v. CHEVALLIER (J.), « La gouvernance et le droit », *in Mélanges Paul Amselek*, Bruylant, 2005, p. 189 à 207.

courant, les soubassements de la logique à l'œuvre peuvent être présentés à travers lui (**A**.

A. Les soubassements de la logique

115. Le terme de « responsabilisation » ne doit pas s'entendre ici dans un sens proprement juridique qui correspondrait à la notion de responsabilité telle qu'elle se conçoit en matière civile, pénale ou administrative. Dans un sens plus figuré, le terme renvoie plutôt à l'idée de faire peser sur tout un chacun la conséquence de ses actes. Il s'agit, en somme, de susciter une incitation par la contrainte. Responsabiliser, c'est avant tout créer une atmosphère. Un comportement attendu est d'abord établi puis détaillé, avant d'être érigé en condition de l'octroi d'un bénéfice ou d'un avantage quelle que soit sa nature. Ensuite, en postulant que chacun agit en connaissance de cause et en instaurant des mécanismes permettant de sanctionner un comportement non-conforme aux attentes, est instillé un schéma déductif suivant lequel toute sanction se trouve être la conséquence d'un « mauvais comportement ». Et puisque chacun est réputé agir en conscience, la sanction est perçue comme la conséquence nécessaire d'un « mauvais choix », c'est-à-dire d'un « mauvais exercice du libre-arbitre »[302].

---

[302] En ce sens, v. le propos du Professeur Verdkint : « Le recours au discours contractualiste permet d'occulter le rapport d'autorité dont le titulaire peut ainsi se dégager à bon compte et avec la meilleure conscience qui soit. Après tout, celui qui ne respectera pas le "contrat" sera en quelque sorte son propre juge. A bien y regarder, c'est là une forme supérieure de l'impérialisme : quand celui qui sera sanctionné est posé comme le seul auteur responsable de sa propre sanction » (VERDKINT (P.-Y.), « Derrière le contrat, le lien... », *in* CHASSAGNARD-PINET (S.) & HIEZ (D.) (dir.), *Approche critique de la contractualisation*, *op. cit.*, p. 7).

116. Au fond, il y a là un mécanisme classique qui consiste à mettre en tension des droits et des devoirs[303]. Ce procédé de mise sous tension n'est pas sans faire écho à l'argumentaire principal d'une doctrine critique à l'égard des droits fondamentaux, qui soutient que l'individu titulaire de droits subjectifs doit aussi répondre, en guise de contrepartie, à un certain nombre de devoirs préservant la vie en société de tout individualisme excessif[304]. Avec le contrat d'engagement républicain, la nuance reste toutefois de mise. En effet, il n'est ici point question de « droit » : il a été rappelé que ni la reconnaissance d'utilité publique, ni l'agrément, ni la subvention publique ne constituent des droits pour les associations et les fondations qui remplissent les conditions nécessaires à leur obtention. En l'absence de droits, il est donc encore moins question de « droits fondamentaux ». Il reste qu'en établissant des « engagements », assimilables à des obligations comportementales, la loi et le décret relatifs au contrat d'engagement républicain parviennent à créer une tension responsabilisante.

117. L'étude des travaux parlementaires confirme la volonté explicite du législateur d'instaurer cette logique de responsabilisation. On remarquera d'ailleurs que, dans

---

303 Le Professeur Rials, dans son ouvrage sur la Déclaration des droits de l'homme et du citoyen, consacre un chapitre au « travail déclaratoire » qui met en lumière les débats sur le projet de déclaration. Au cours de ces derniers, les plaidoyers pour une déclaration des devoirs visant à contrebalancer les droits en passe d'être déclarés se font déjà sentir - bien que l'auteur fasse remonter cette tension entre droits et devoirs bien avant l'année 1789. (RIALS (S.), *La déclaration des droits de l'homme et du citoyen*, Hachette, coll. « Pluriel », 1988, p. 115 à 266, spéc., p. 162 et s.).

304 DUPRE DE BOULOIS (X.), « La critique doctrinale des droits de l'homme », *RDLF*, 2020, chron. n° 38 [en ligne]. V. aussi du même auteur, « La fin des droits de l'homme ? », *RDLF*, 2020, chron. n°60. V. enfin *infra* n° **142** pour un propos sur la critique des libertés associatives.

l'esprit de ce dernier, la logique contractuelle précédemment décrite est censée servir l'établissement d'une logique de responsabilisation[305]. Cela s'entend : la responsabilité *lato sensu* est inhérente à la notion de contrat conçu comme la loi des parties, d'où l'usage à dessein[306]. Le premier rapport de la Commission spéciale chargée d'examiner le projet de loi relevait ainsi que :

> « l'usage du terme de contrat permet de souligner que la rupture de l'engagement contractualisé de l'association est porteuse d'effet tant pour l'association que la collectivité publique, le respect des principes mentionnés dans le contrat étant une condition impérative à la perception de la subvention »[307].

118. Avec le contrat d'engagement républicain, les pouvoirs publics ont entendu exiger davantage de scrupulosité pour deux types d'acteurs. D'un côté, on retrouve les associations et les fondations. Dans une position de bénéficiaires, la responsabilisation implique pour celles-ci l'adoption d'un comportement économiquement rationnel. Connue des économistes néo-classiques, cette théorie comportementaliste confère à tout agent une rationalité qui

---

[305] Sur cette idée, v. SUPIOT (A.), « La contractualisation de la société », *Courrier de l'environnement de l'INRA*, 2001, n° 43 [en ligne].

[306] Référence à l'art. 1103 du Code civil. Sur cette idée, v. GHESTIN (J.), « Contrat », *in* ALLAND (D.) & RIALS (S.) (dir.), *Dictionnaire de la culture juridique*, PUF-Lamy, coll. « Quadrige - Dicos Poche », 2003, p. 276 et s.

[307] Rapport n° 3797 rect., fait au nom de la commission spéciale chargée d'examiner le projet de loi confortant le respect des principes de la République, par M. F. Boudié, t. 1, Assemblée nationale, 25 janv. 2021, p. 77-78. Cela n'est pas sans faire écho au propos tenu par J.-M. Sauvé selon qui le contrat « appelle à une société de la négociation : il permet, par le réseau de droits et devoirs qu'il crée, d'obtenir l'adhésion des citoyens, d'orienter leurs comportements et d'inciter sans contraindre » (SAUVE (J.-M.), « Pour un développement maîtrisé du contrat », *in* Rapport public du Conseil d'Etat, *Le contrat, mode d'action publique et de production de normes,* préc., p. 8).

se traduit par la recherche constante du maximum de profits pour le minimum de coûts[308]. Par exemple, et sans aller jusqu'à leur prêter un objectif lucratif qu'elles ne peuvent légalement poursuivre, les associations et les fondations soumises au contrat d'engagement républicain sont incitées, pour garder le bénéfice de leurs subventions (maximiser les profits), à adopter un comportement conforme aux engagements du contrat, ou, au moins, un comportement qui présente le minimum de risques de manquer à ces engagements (minimiser les coûts)[309]. D'un autre côté, avec peut-être un peu moins d'intensité du fait de leur position d'« émettrices », les autorités publiques susceptibles de délivrer la reconnaissance d'utilité publique, un agrément ou d'octroyer une subvention, sont substantiellement soumises à la même logique. Elles sont en effet incitées à davantage de prudence dans la délivrance de ces actes. Il s'agit pour elles que les buts poursuivis par les associations et fondations soient atteints grâce à leur soutien (maximiser les profits) en cherchant à éviter les situations propices à un retrait contraint de la reconnaissance d'utilité publique, d'un agrément ou d'une subvention (minimiser les coûts).

119. Pour ces deux types d'acteurs, le contrat d'engagement républicain demeure un document lisible et résumant les obligations auxquelles ils sont tenus. Le décret du 31 décembre 2021 précise d'ailleurs que « l'association qui a souscrit le contrat d'engagement républicain en informe ses membres par tout moyen, notamment par un affichage

---

[308] Sur cette théorie, v. le numéro des *cahiers d'économie politique* qui y est consacré : « L'agent économique : théorie et histoire », *Cahiers d'économie politique*, 2005/2, n° 49, 216 p.

[309] Sur cette idée, v. CLAVAGNIER (B.), « Juridique - Financement public - Les subventions conditionnées à un engagement républicain », *JA*, 2021, n° 648, p. 33.

dans ses locaux ou une mise en ligne sur son site internet ». Nul ne saurait donc l'ignorer. Les pouvoirs publics ont fait œuvre de « pédagogie »[310], parachevant ainsi l'instauration d'une logique de responsabilisation.

120. Cette logique est à l'œuvre dans plusieurs champs juridiques. Sa mobilisation dans le cadre du contrat d'engagement républicain appelle quelques comparaisons pour permettre de saisir l'originalité du cas étudié.

B. Une logique répandue

121. Le droit social, le droit de la protection sociale, les politiques d'accueil et d'intégration des étrangers sur le territoire national mais aussi le droit de la fonction publique apparaissent comme autant de domaines qui mobilisent une logique de responsabilisation. Si l'on s'en tient à ces exemples, le constat peut être fait que, pour la plupart d'entre eux, ils concernent directement ou indirectement un mécanisme de solidarité ou au moins un domaine empreint de solidarité.

122. Les champs juridiques de l'emploi et de la protection sociale ont sans doute été les premiers à avoir vu cette logique

---

310 ROCHFELD (J.), « Le PARE ou les virtualités du "contrat pédagogique" », *RDC*, 2005, p. 257. Sur la même idée, v. « Contrat, loi et décision administrative unilatérale : des imbrications croissantes », *in* Rapport public du Conseil d'Etat, *Le contrat, mode d'action publique et de production de normes*, préc., p. 91 et s., spéc. p. 138 et s. Un très bon exemple de ces contrats qui poursuivent uniquement un but pédagogique est illustré par l'affaire de la « charte des thèses », qui n'implique aucune obligation contractuelle mais a pour unique but la bonne information de ses destinataires (CE, 21 déc. 2001, n° 220997).

s'introduire en leur sein[311]. L'apparition du Plan d'Aide au Retour à l'Emploi (« PARE ») a marqué tout un pan de la doctrine qui s'est interrogé tant sur sa nature contractuelle ou non, que sur les tensions instaurées entre droits et devoirs[312]. Concrètement, ce plan consistait en un engagement du demandeur d'emploi de se soumettre à certaines prescriptions déterminées avec l'organisme gestionnaire de l'assurance chômage, en échange de quoi il pouvait prétendre aux indemnités qui lui étaient dues. Mais il a été dit, après quelques incertitudes, que ce dispositif ne créait pas d'obligations de nature contractuelle, dans la mesure où il n'était que le « réceptacle »[313] d'obligations issues de textes législatifs et règlementaires. Et la Professeure ROCHFELD de conclure que celui-ci vient « "personnaliser" à l'égard de chaque allocataire ces droits et devoirs et les lui "rappeler" afin qu'il en prenne conscience »[314]. « Conclu » entre le Président du Conseil général (actuel Conseil départemental) et les titulaires de l'autorité parentale, le « Contrat de Responsabilité Parentale » (« CRP ») s'est également inscrit dans ce courant[315]. Il consistait en un rappel

---

311 V. sur ce point et pour certains aspects historiques : BORGETTO (M.), « L'articulation des droits et des devoirs dans le champ de la protection sociale », *RDSS*, 2009, p. 5 & ROMAN (D.), « La responsabilisation de l'individu : quel équilibre entre droits et devoirs ? », in BORGETTO (M.) et *al.* (dir.), *Quelle(s) protection(s) sociale(s) demain ?*, Dalloz, coll. « Thèmes et commentaires », 2016, p. 233.

312 Parmi de nombreux écrits, v. not. ROCHFELD (J.), « Le PARE ou les virtualités du "contrat pédagogique" », préc. & PHILIPPE (J.), « De la distinction des genres : contrat légalement formé et législation contractuellement présentée », *RTD civ.*, 2007, p. 503.

313 ROCHFELD (J.), « Le PARE ou les virtualités du "contrat pédagogique" », préc.

314 *Ibid.*

315 ROCHFELD (J.), « Le contrat de responsabilité parentale, une nouvelle figure du contrat pédagogique », *RDC*, 2006, p. 665.

des obligations pesant sur les titulaires de l'autorité parentale, et était assorti d'un mécanisme de sanction permettant au président du Conseil général (actuel Conseil départemental) de demander la suspension de tout ou partie des allocations familiales relatives à l'enfant[316].

123. Si certaines institutions et certains auteurs considèrent que cette méthode de responsabilisation tend à prendre encore plus de place dans le champ de la protection sociale[317], d'autres domaines ont pu également en connaître. Le « contrat d'accueil et d'intégration » – aujourd'hui réformé et dénommé « contrat d'intégration républicaine »[318] – fait ainsi figure d'exemple pour ce qui est du droit des étrangers. Etonnamment proche du contrat d'engagement républicain, sa conclusion implique par exemple, pour certains étrangers, le suivi de diverses formations dans le but de « favoriser [leur] autonomie et [leur] insertion dans la société française »[319]. Il conditionne en partie la délivrance d'un titre de séjour[320]. Le

[316] V. à son sujet l'article critique du Professeur Rolin : ROLIN (F.), « Les visages menaçants du nouveau contractualisme : le contrat de responsabilité parentale », *RDSS*, 2007, p. 38. V. aussi : Rapport public du Conseil d'Etat, *Le contrat, mode d'action publique et de production de normes*, préc., p. 55 et s.

[317] V. not. CNCDH, Avis sur la création du Revenu Universel d'Activité, n° A-2020-9 du 23 juin 2020 & ROMAN (D.), « La responsabilisation de l'individu : quel équilibre entre droits et devoirs ? », préc. V. aussi, pour un point de vue plus large, CHAUVIERE (M.), « Les solidarités familiales comme espace de tensions entre droits et devoirs », *RDSS*, 2009, p. 53.

[318] L. n° 2016-274 du 7 mars 2016 *relative au droit des étrangers en France*, art. 1.

[319] *Ibid*. al. 2.

[320] *Ibid*. art. 17 & 66. Sur ce « contrat », v. not. HACHIMI-ALAOUI (M.) & PELABAY « Contrats d'intégration et "valeurs de la République" : un "tournant civique" à la française ? », *Revue européenne des migrations internationales*, 2020/4, n° 36, p. 13. Sur son prédécesseur, v. not. GOURDEAU (C.), « Un contrat au service de l'identité nationale », *Plein droit*, 2016/3, n° 110, p. 32.

développement des serments, notamment dans la fonction publique, participe aussi de ce mouvement de responsabilisation sans nécessairement s'inscrire dans le modèle des simulations contractuelles[321]. Notons à cet égard que la loi du 24 août 2021 dont est issu le contrat d'engagement républicain en crée un nouveau pour les agents de la police nationale et de la gendarmerie nationale[322].

124. Au regard de ces quelques exemples, l'originalité du contrat d'engagement républicain peut se mesurer suivant trois considérations, en partie soulignées par le Professeur HIEZ[323]. En premier lieu, il s'adresse à des personnes morales et non à des personnes physiques, ce qui marque une différence avec les dispositifs évoqués qui concernent au premier chef des personnes physiques. Qui plus est, il ne s'adresse qu'à certaines personnes morales. Si toutes les personnes morales de droit public peuvent *a priori* être concernées par ce dispositif en tant qu'autorités subventionnaires par exemple, ce n'est pas le cas de toutes les personnes morales de droit privé. Seules les associations et les fondations sont concernées, à l'exclusion des sociétés poursuivant un but lucratif, qui peuvent pourtant, elles aussi, être subventionnées ou agréées[324]. En deuxième lieu, le

---

[321] V. sur not. les serments, TAILLEFAIT (A.), *Droit de la fonction publique*, Dalloz, coll. « Précis », 9ème éd., 2022, § 322. Pour un sujet plus récent concernant le serment des docteurs, v. not. POMMIER (S.) & GRANADO (B.), « Avec le serment des docteurs, renouveler le dialogue entre sciences et société ? », *The Conversation*, 21 mars 2023 [en ligne].

[322] L. n° 2021-1109 du 24 août 2021, art. 2.

[323] HIEZ (D.), « Le contrat d'engagement républicain : l'approfondissement d'une figure connue », préc.

[324] Le Pr. Hiez note à ce sujet : « il semble bien que cette obligation soit discriminatoire, dans la mesure où le même raisonnement devrait valoir pour toutes les subventions versées par l'État. Or, des subventions sont versées, à d'autres titres, par exemple à des sociétés, qui peuvent être mises en cause pour

contrat d'engagement républicain est révélateur d'un durcissement de la logique de responsabilisation. Il ne prévoit en effet aucune procédure qui pourrait s'assimiler de près ou de loin à une procédure contractuelle comme pouvaient le prévoir certains dispositifs qui lui sont comparables. Il ne laisse ainsi aucune place à quelque forme de personnalisation de l'engagement. Dans le même sens, il n'est pas possible, *a priori*, de s'y soustraire, là où, par exemple, un manquement au contrat de responsabilité parentale pouvait être excusé par un motif légitime. En dernier lieu, tel qu'il a été rappelé en plusieurs occurrences, le contrat d'engagement républicain ne conditionne aucunement des droits, comme pouvait par exemple le faire le Plan d'Aide au Retour à l'Emploi pour les indemnités de chômage. Ni la reconnaissance d'utilité publique, ni l'obtention d'un agrément, ni la subvention ne constituent en effet des droits pour les associations ou les fondations qui en font la demande.

---

des pratiques internes de harcèlement sexuel, et on voit mal pourquoi celles-ci ne se verraient pas imposer les mêmes obligations ». (HIEZ (D.), « Le contrat d'engagement républicain : l'approfondissement d'une figure connue », préc.). Dans le même sens, v. MORANGE (J.), « Les associations », préc.

CONCLUSION DU CHAPITRE II

125. Les développements précédents ont démontré que la nature du contrat d'engagement républicain ne coïncide pas avec son appellation. Quel que soit l'angle sous lequel il est observé, il ne fait naître aucun lien contractuel. Il apparaît, bien au contraire, imprégné d'unilatéralité. Du « contrat », il n'a donc que l'intitulé, puisqu'il n'en recouvre pas les attributs les plus élémentaires. Sa dénomination n'est ainsi rien d'autre qu'une étiquette ou même un leurre qui a pu engendrer son lot d'ambiguïtés.

126. Néanmoins, c'est à dessein que le législateur a revêtu ce dispositif de certains des apparats du contrat. Usant du vocable qui y est traditionnellement associé, le contrat d'engagement républicain transforme en quelque sorte ce qu'il touche en objet d'échange. Il infuse ainsi une *logique* économique – donc contractuelle – dans des domaines où, il est vrai, celle-ci était déjà sans doute sous-jacente. Mais par la simulation d'un engagement réciproque, il ne fait en réalité que mettre en tension des « droits » (même s'il a été dit que l'emploi de ce terme est un abus de langage) et des devoirs. Cela sert une autre logique, visant quant à elle à « responsabiliser » les organismes concernés par le contrat d'engagement républicain. Avec ce dernier objectif de responsabilisation, le présent dispositif s'inscrit, avec ses quelques singularités, dans un mouvement plus large, connu de différents champs juridiques, comme celui de la protection sociale.

CONCLUSION DE LA PARTIE I

127. Au terme des deux Chapitres qui forment cette Première Partie, il faut donc prendre acte de plusieurs constats. Tout d'abord, pour ce qui est de son objet, le contrat d'engagement républicain modifie bien l'ordonnancement juridique qui lui préexistait, malgré ce qui a pu être dit à son égard. Son apport principal réside assurément dans l'*obligation* faite aux autorités compétentes de *refuser* et de *retirer* la reconnaissance d'utilité publique, un agrément, ou une subvention publique, dès lors que l'organisme bénéficiaire ne respecte pas les principes qu'il énonce. Il a aussi été dit que ce dispositif devrait également permettre un contrôle plus fin de l'activité des associations et des fondations, tout comme il devrait permettre un élargissement des moyens invocables au contentieux. Mais il n'a pas été occulté que le contrat d'engagement républicain apparaît parfois redondant. L'état du droit qui lui précède offrait déjà un certain nombre de solutions juridiques à même de saisir des situations que le contrat d'engagement républicain entend désormais régir. Dès lors, s'il ajoute au droit, ce n'est que de manière partielle puisque, pris dans son entièreté, il est possible de relever qu'il réitère des règles qui lui sont antérieures[325].

128. Ensuite, en s'attachant cette fois à l'étude de sa nature, il a été vu que la « souscription » du « contrat » ne

[325] V. toutefois l'élargissement des perspectives proposées par la thèse de Jean-Baptiste Guyonnet (*supra* n° **89**).

fait naître aucune relation contractuelle. Ainsi, s'il est dénommé « contrat » et que certaines de ses facettes laissent à penser qu'il en est un, ce n'est là en vérité qu'un label mobilisé par la loi, qui ne recouvre aucune réalité juridique. Pour autant, ces considérations ne sont pas vides de sens. Elles témoignent au contraire de la volonté du législateur de « responsabiliser » les acteurs régis par le contrat d'engagement républicain. Cela passe d'un côté par la prescription d'un comportement donné dont la méconnaissance entraîne des effets de droit. Cela passe aussi, d'un autre côté, par l'aspect pédagogique du dispositif : en tant que document d'une part – l'annexe au décret du 31 décembre 2021 faisant office de « charte » facilement accessible –, mais aussi, d'autre part, en tant qu'il rappelle en partie la législation qui lui préexiste.

129. Les propos qui précèdent achèvent l'analyse du contrat d'engagement républicain en tant qu'objet juridique. Il reste que, sous cet angle, l'analyse ne peut être qu'incomplète. Elle ne rend en effet pas compte de la finalité du dispositif – c'est-à-dire le « but ultime » poursuivi –, de la philosophie qui l'anime ou encore des enjeux que son application représente pour les libertés associatives. C'est la raison pour laquelle il faut donc désormais tenter de l'inscrire dans une politique publique. Cela permettra de le situer dans une action conduite par les pouvoirs publics, qui se trouve être largement illustrée par la loi confortant le respect des principes de la République.

PARTIE II : LE CONTRAT D'ENGAGEMENT REPUBLICAIN COMME INSTRUMENT D'UNE POLITIQUE PUBLIQUE

130. Inscrire le contrat d'engagement républicain dans une politique publique revient à l'inscrire, suivant une définition admise des « politiques publiques », dans l'intervention « d'une autorité investie de puissance publique et de légitimité gouvernementale sur un domaine spécifique de la société ou du territoire »[326]. La politique publique dont il est ici question s'illustre d'abord à travers la loi confortant le respect des principes de la République. Balayant un spectre assez large, son but est de lutter contre les séparatismes à l'échelon national. Plus globalement, cette loi s'inscrit aussi dans une logique de lutte contre la radicalisation, qu'elle soit religieuse ou non. Pour ce faire, elle entend recentrer la société autour de principes ou de valeurs cardinaux. De cette loi découle la finalité du contrat d'engagement républicain (**Chapitre I**). Mais cette finalité n'est pas forcément sans risque pour les libertés, et en particulier pour les libertés associatives (**Chapitre II**).

---

[326] THOENIG (J.-C.), « Politique publique », *in* BOUSSAGUET (L.) et *al.* (dir.), *Dictionnaire des politiques publiques*, Presses de Sciences Po, coll. « Références | Gouvernances », 5ème éd., 2019, p. 462. V. aussi CAILLOSSE (J.), « Le "public" du droit administratif. Une catégorie juridique pour l'action publique », *in Terres du droit. Mélanges en l'honneur de Yves Jégouzo*, Dalloz, coll. « Mélanges », 2009, p. 383

CHAPITRE I : LA FINALITE DU CONTRAT D'ENGAGEMENT REPUBLICAIN

CHAPITRE II : LES LIBERTES ASSOCIATIVES AU DEFI DU CONTRAT D'ENGAGEMENT REPUBLICAIN

CHAPITRE I : LA FINALITE DU CONTRAT D'ENGAGEMENT REPUBLICAIN

---

131. A l'issue du Conseil des ministres du 9 décembre 2020, le Gouvernement, annonçant le texte qui deviendra la loi du 24 août 2021, affichait son ambition de « renforcer la cohésion nationale »[327]. L'étude d'impact du projet de loi confirmera cette ambition[328]. Il faut entendre par là que le projet cherche à raffermir le sentiment d'appartenance à une communauté, qui n'est autre que la Nation : une « conscience morale »[329] qui se définit moins par le partage de caractéristiques objectives entre les individus que par la conscience d'appartenir à un groupe social mû par l'ambition d'une destinée commune[330]. Le contrat d'engagement républicain, en tant qu'il est insaturé

---

[327] Communiqué de presse du Conseil des ministres du 9 déc. 2020 [disponible en ligne sur www.legifrance.fr].

[328] Etude d'impact sur le projet de loi confortant le respect des principes de la République, 8 déc. 2020, not. p. 6.

[329] Suivant la célèbre expression d'Ernest Renan (RENAN (E.), *Qu'est-ce qu'une nation ?*, 1882 [rééd. Flammarion, coll. « Champs classiques », 2011, p. 77].

[330] V. sur ce point GUERRINI (M.), « La cohésion nationale : théâtre de l'objectivation des droits fondamentaux », *RDLF*, 2021, chron. n° 03, spéc. Intro. [en ligne].

par cette loi, est voué à participer à l'accomplissement de cet objectif (**Section I**). Dans cette perspective, le dispositif fait cependant montre de certaines limites (**Section II**).

SECTION I : UN OBJECTIF : RAFFERMIR LA COHESION NATIONALE

132. En poursuivant l'objectif de raffermir la cohésion nationale, la loi du 24 août 2021 et singulièrement le contrat d'engagement républicain qu'elle instaure, mobilisent ce qu'un auteur a pu appeler un « républicanisme militant »[331] (**§1**). Cela s'observe tout particulièrement à travers le fait que ce contrat d'engagement entend fédérer autour de principes censés caractériser la tradition, voire l'identité républicaine française (**§2**).

§1. Le contrat d'engagement républicain, produit d'un « républicanisme militant »

133. Le « républicanisme militant » n'est pas à proprement parler une nouveauté doctrinale. Il est la déclinaison d'une théorie que la plupart des auteurs font remonter l'apparition à l'aube du second conflit mondial. Mais si cette théorie est en quelque sorte remise au goût du jour, c'est parce qu'une filiation peut être établie entre elle et la loi du 24 août 2021. Issu de cette dernière, le contrat d'engagement républicain peut lui aussi s'analyser au prisme de cette théorie, voire l'illustrer (**B**). Dans la perspective de

---

[331] GAZAGNE-JAMMES (V.), « Le "républicanisme militant", une certaine conception de la démocratie militante française. Réflexions autour du projet de loi confortant les principes républicains », *RDLF*, 2021, chron. n° 09 [en ligne]. L'expression sera reprise à notre compte dans les développements qui suivent.

cette démonstration, c'est de la signification de cette théorie dont il doit d'abord être question (**A**).

A. Signification de la théorie

134. Remonter aux origines de ce que Valentin GAZAGNE-JAMMES appelle « républicanisme militant » suppose deux choses : d'abord, abandonner pour un temps le terme de « républicanisme » et, ensuite, se tourner du côté de la science politique et du droit constitutionnel – deux disciplines académiques qui ne sont pas imperméables l'une de l'autre, quand elles ne sont pas intriquées[332]. On doit la paternité de cette théorie au juriste et politiste allemand Karl LOEWENSTEIN. Dans un article publié en 1937, il posait les premiers jalons de ce qu'il appelait alors « démocratie militante » (« *streitbare Demokratie* »)[333]. Concrètement, le concept désigne et recouvre les moyens juridiques dont dispose une démocratie pour assurer sa pérennité, sa survie face aux diverses attaques dont elle est susceptible de faire l'objet[334]. Plus précisément, il désigne « l'ensemble des dispositifs normatifs qui permettent de protéger l'identité

[332] V. par ex. sur ce débat, LE DIVELLEC (A.), « Le droit constitutionnel est-il un droit politique ? », *Les Cahiers de Portalis*, 2019, n° 1, p. 91 & RAYNAUD (P.), « Le droit et la science politique », *Jus Politicum*, 2009, n° 2 [en ligne].

[333] LOEWENSTEIN (K.), « Militant Democracy and Fundamental Rights », *The American Political Science Review*, vol. 31, 1937, n° 3, p. 417 (partie I) [article retranscrit in SAJO (A.) (dir.), *Militant democracy*, Eleven International Publishing, 2004, p. 231 à 245] & LOEWENSTEIN (K.), « Militant Democracy and Fundamental Rights », *The American Political Science Review*, vol. 31, 1937, n° 4, p. 638 à 658 (partie II) [article retranscrit in SAJO (A.) (dir.), *Militant democracy*, Eleven International Publishing, 2004, p. 245]. Article paru en deux temps, et en anglais.

[334] V. sur ce point, SIMARD (A.), « L'échec de la Constitution de Weimar et les origines de la "démocratie militante" en R.F.A. », *Jus Politicum*, n° 1 [en ligne].

constitutionnelle et démocratique d'un Etat de droit contre *ses ennemis intérieurs* »[335]. Une démocratie militante est alors, suivant le Professeur PFERSMANN, « une structure politique et juridique qui vise à préserver la démocratie contre ceux qui souhaitent la détruire (...) en utilisant les institutions démocratiques ainsi que le soutien de la population »[336]. Ainsi présenté, le « militantisme démocratique » n'est pas autre chose qu'une « façon d'envisager la conservation d'un régime »[337], qui exige « une défense *active* »[338] de « l'ordre constitutionnel »[339].

135. Le contexte dans lequel cette théorie est élaborée n'est pas à négliger. Si Karl LOEWENSTEIN écrit cet article en 1937, c'est justement pour dénoncer avec ardeur l'impuissance dont fait montre la République de Weimar face à l'ascension fasciste. En exil aux Etats-Unis, il écrit notamment que « l'intégrisme démocratique et l'aveuglement légaliste ne voulaient pas comprendre que le mécanisme démocratique est le cheval de Troie par lequel

---

335 GAZAGNE-JAMMES (V.), « Le "républicanisme militant", une certaine conception de la démocratie militante française. Réflexions autour du projet de loi confortant les principes républicains », préc.

336 PFERSMANN (O.), « Shaping Militant Democracy : Legal Limits to Democratic Stability », *in* SAJO (A.) (dir.), *Militant democracy*, Eleven International Publishing, 2004, p. 47, cité et traduit par GAILLET (A.) et *al.*, *Droits constitutionnels français et allemand. Perspective comparée*, LGDJ, 2019, p. 110 et s.

337 SIMARD (A.), « L'échec de la Constitution de Weimar et les origines de la "démocratie militante" en R.F.A. », préc.

338 *Ibid.*

339 GAILLET (A.) et *al.*, *Droits constitutionnels français et allemand. Perspective comparée*, *op. cit.*, p. 110. Les auteurs ajoutent, p. 111, que l'« on peut considérer que tout Etat démocratique constitutionnel est par définition une démocratie militante ».

l'ennemi entre dans la cité »[340]. A cela il ajoute que « les causes de l'échec de l'expérience démocratique en Allemagne sont de loin trop complexes pour être mesurées par un seul dénominateur. Mais le manque de militantisme de la République de Weimar contre les mouvements subversifs, quand bien même ils étaient clairement reconnus comme tels, apparaît dans la situation d'après-guerre de la démocratie à la fois comme une illustration et comme un avertissement »[341].

136. La problématique principale du militantisme démocratique réside dans le fait qu'il suppose d'encadrer ou de restreindre une liberté proprement démocratique[342]. Il s'agit en effet d'y apporter un « correctif »[343] de façon à contenir ou « neutraliser »[344] le danger que l'exercice de cette liberté peut représenter pour l'Etat. Partant, sa mise en œuvre débouche presque automatiquement sur une situation délicate, résumée par l'interrogation suivante : « jusqu'où peut aller une démocratie pour se protéger elle-même sans

---

[340] « Until very recently, democratic fundamentalism and legalistic blindness were unwilling to realize that the mechanism of democracy is the Trojan horse by which the enemy enters the city ». (LOEWENSTEIN (K.), « Militant Democracy and Fundamental Rights », *American Political Science Review*, vol. 31, 1937, n° 3 (première partie de l'article)).

[341] « The causes for the failure of the democratic experiment in Germany are by far too complex to be measured in terms of a single denominator. But the lack of militancy of the Weimar Republic against subversive movements, even though clearly recognized as such, stands out in the post-war predicament of democracy both as an illustration and as a warning » (*Ibid.*).

[342] V. IVERNIZZI ACCETTI (C.) & ZUCKERMAN (I.), « What's Wrong with Militant Democracy ? », *Political Studies*, vol. 65, 2017, p. 182.

[343] GAILLET (A.) et *al.*, *Droits constitutionnels français et allemand. Perspective comparée*, *op. cit.*, p. 111.

[344] SIMARD (A.), « L'échec de la Constitution de Weimar et les origines de la "démocratie militante" en R.F.A. », préc.

compromettre sa nature démocratique ? »[345]. Sans même chercher à répondre à cette question – il serait bien hasardeux de s'adonner à une telle entreprise dans ces lignes –, quelques traductions de cette théorie peuvent néanmoins être évoquées en guise d'exemples[346].

137. Le plus topique, ou du moins celui qui est le plus mis en avant par la doctrine, n'est autre que celui de la Loi Fondamentale allemande de 1949. Tirant les conséquences d'un passé funeste, son article 9 alinéa 2 dispose que « les associations dont les buts ou l'activité sont contraires aux lois pénales, ou qui sont dirigées contre l'ordre constitutionnel ou l'idée d'entente entre les peuples, sont prohibées »[347]. De l'autre côté du Rhin, en France, on retrouve aussi des mécanismes qui procèdent de la même philosophie. A l'échelon constitutionnel, peut notamment être mentionné l'alinéa 5 de l'article 89 de la Constitution du 4 octobre 1958, qui dispose que « la forme républicaine du Gouvernement ne peut faire l'objet d'une révision »[348]. A l'échelon législatif

---

[345] « How far can a democracy go in protecting itself without compromising its democratic nature ? » (DYZENHAUS (D.) « Constituing the Enemy : A Response to Carl Schmitt », *in* SAJO (A.) (dir.), *Militant democracy*, *op. cit.*, p. 15).

[346] Dans la seconde partie de son article, Karl Loewenstein renvoie à toute une série de mesures prises par des Etats autres que l'Allemagne, comme la Finlande par exemple, que ne nous ne mentionnerons pas ici. V. LOEWENSTEIN (K.), « Militant Democracy and Fundamental Rights », *The American Political Science Review*, vol. 31, 1937, n° 4, p. 638 à 658.

[347] Art. 9 (2) de la Loi Fondamentale allemande, traduit par le service du Centre juridique franco-allemand « BIJUS » [www.bijus.eu]. Cette disposition recouvre également les associations politiques. Elle n'est pas la seule de la loi fondamentale qui dénote un militantisme républicain. Aussi, des comparaisons peuvent être opérées avec d'autres dispositifs constitutionnels : v. sur ce point, FAVOREU (L.) et *al.*, *Droit des libertés fondamentales*, Dalloz, coll. « Précis », 8ème éd., 2021, p. 371 à 374.

[348] Cette disposition n'est pas sans faire écho à l'art. 3 de la loi de 1901 *relative au contrat d'association*. En vérité, l'inscription de cette disposition dans la

cette fois, on retrouve aussi des traductions de cette « démocratie combattante »[349]. Peuvent par exemple être analysées sous son prisme les lois réprimant les anarchistes au moment où la République s'établit[350], la loi du 10 janvier 1936 qui dote les pouvoirs publics de moyens juridiques leur permettant de lutter contre les groupes de combat et milices privées[351] ou bien encore tout un panel de textes visant à réfréner le terrorisme, tant par la prévention que par la répression[352].

138. C'est dans ce dernier corpus de textes que la loi confortant le respect des principes de la République et le contrat d'engagement républicain qu'elle instaure peuvent tenter de s'inscrire. Ils peuvent surtout, eux aussi, être affiliés à cette théorie de la démocratie militante.

Constitution de 1958 n'est pas une nouveauté. La loi du 14 août 1884 portant révision partielle des lois constitutionnelles de 1875, en son article 2, modifiait l'article 8 de la loi constitutionnelle du 25 février 1875, relative à l'organisation des pouvoirs publics, ajoutant notamment que « La forme républicaine du gouvernement ne peut faire l'objet d'une proposition de révision ».

[349] WACHSMANN (P.), *Libertés publiques*, Dalloz, coll. « Cours », 9ème éd., 2021, § 84.

[350] V. sur ce point, KEMPF (R.), *Ennemis d'Etat. Les lois scélérates, des anarchistes aux terroristes*, La Fabrique éditions, 2019, 232 p., comprenant not. la republication d'articles de Léon Blum au sujet de ces lois.

[351] V. sur ce point, GAZAGNE-JAMMES (V.), « Le "républicanisme militant", une certaine conception de la démocratie militante française. Réflexions autour du projet de loi confortant les principes républicains », préc. & RAMBAUD (R.), « La loi du 10 janvier 1936 sur les groupes de combat et milices privées (article L. 212-1 du Code la sécurité intérieure) : une arme de dissolution massive », *RDLF*, 2015, chron. n° 20 [en ligne].

[352] BUI-XUAN (O.), « La lutte contre la radicalisation religieuse ou l'émergence de dispositifs juridiques autoritaires pour sauver la démocratie », *in* FONSECA (D.) (dir.), *Logiques des législations antiterroristes. Entre reconfiguration et défiguration du droit ?*, préc. V. *supra* n° **3** et s.

B. L'application de la théorie au contrat d'engagement républicain

139. La loi du 24 août 2021 tout entière pourrait être analysée à l'aune de la théorie de la démocratie militante. L'idée initiale d'intituler cette loi « loi contre le séparatisme »[353], tout comme l'intitulé actuel de « loi confortant le respect des principes de la République », sont à eux seuls des éléments assez révélateurs de la dynamique à l'œuvre. A travers cette loi, il s'agit bien, pour l'Etat républicain, de lutter par le droit contre des « ennemis de l'intérieur », dont l'action remet en cause ses fondements idéologiques et juridiques, menaçant ainsi la cohésion nationale de délitement[354]. C'est de l'intitulé retenu et du contenu même de cette loi que découle l'idée évoquée de « républicanisme » militant. Cette mutation terminologique est porteuse de sens. La démocratie pouvant ne pas être républicaine, l'expression de Valentin GAZAGNE-JAMMES se veut plus précise que celle de Karl LOEWENSTEIN : elle ne désigne pas toutes les démocraties, mais seulement les démocraties républicaines et en l'occurrence la démocratie française. Et si, toujours en étudiant la loi du 24 août 2021, on réduit la focale au seul contrat d'engagement républicain, la perspective militante n'est pas fondamentalement changée. Au contraire, le contrat d'engagement républicain se fond

---

[353] GAZAGNE-JAMMES (V.), « Réflexions sur l'intitulé initial de la loi sur le respect des principes de la République, dite Loi contre le séparatisme et "les atteintes à la citoyenneté" », *RevDH*, 2022, n° 22 [en ligne]. Les outils de communications du gouvernement présentent d'ailleurs toujours la loi comme telle (v. par ex. : https://www.cipdr.gouv.fr/islamisme-et-separatisme/).

[354] V. sur cette idée GUERRINI (M.), « La cohésion nationale : théâtre de l'objectivation des droits fondamentaux », *RDLF*, 2021, chron. n° 03 [en ligne]. V. aussi sur la « politique de l'ennemi », DUPRE DE BOULOIS (X.), *Droit des libertés fondamentales*, PUF, coll. « Thémis droit », 2024, 4ème éd., § 27.

plutôt correctement dans le moule de cette théorie. Plusieurs considérations permettent d'en attester.

140. Comme l'ensemble de la loi, il est imprégné d'un contexte. S'il faut certainement se garder de toute comparaison abusive avec d'autres mises en œuvre du militantisme démocratique – et singulièrement les mises en œuvre allemandes –, il ne peut toutefois être nié que ce dispositif émerge en France à un moment particulier. Observant une « réaction politique [qui] peut apparaître comme étant d'une intensité inédite »[355], le Professeur GUERRINI note en ce sens que « le contexte d'attentats terroristes qui a touché la France au cœur de ses valeurs a nourri l'idée qu'à présent, aucune entorse à l'agrégation du corps national ne saurait être tolérée »[356]. Dans la poursuite de cet objectif et pour se munir de mécanismes d'autodéfense, la République se dote, avec le contrat d'engagement républicain, d'un outil encadrant l'exercice de plusieurs libertés. D'abord, les libertés dont chaque collectivité publique dispose, puisque le présent dispositif marque pour elles un rétrécissement de leur champ de compétences discrétionnaires[357]. Ensuite, les libertés associatives, puisqu'à certains égards les associations et fondations voient leurs marges de manœuvre réduites[358]. Le réflexe « militant » de la République française est bien là :

---

[355] GUERRINI (M.), « La cohésion nationale : théâtre de l'objectivation des droits fondamentaux », préc. La dissolution de certaines associations, à l'image de « BarakaCity », répondent d'ailleurs de cette logique (V. CE, 25 nov. 2020, n° 445774).

[356] *Ibid.*

[357] V. *supra* Partie I, Chap. I.

[358] V. *supra* Partie I, Chap. I et *infra* Partie II, Chap. II.

à l'identification d'un danger succède un encadrement des libertés par lesquelles ce danger est susceptible de prospérer.

141. Mais les éléments de contexte ne font que mettre en lumière les brèches par lesquelles le « cheval de Troie »[359] peut rentrer dans la cité. Le véritable point de départ du militantisme démocratique réside au-delà du contexte politico-social : il est à trouver dans la critique d'une ou de plusieurs libertés. A ce titre, il est tout à fait envisageable de lire le contrat d'engagement républicain comme une critique formulée à l'encontre des libertés qu'il encadre. Si ces libertés se trouvent davantage encadrées aujourd'hui qu'elles ne l'étaient hier, c'est parce que le législateur a décelé dans leur exercice des « potentialités subversives » risquant de mettre à mal un socle de valeurs communes sur lesquelles la République reposerait. L'étude des débats parlementaires renseigne cette critique. Pour critiquer les libertés administratives dans l'octroi d'une subvention à une association ou une fondation, le Gouvernement s'est approprié une formule ici attribuée à SAINT-JUST[360] et là à MARAT[361], suivant laquelle il n'y a « pas de liberté pour les ennemis de la liberté ». Il n'était pas si rare, en effet, d'entendre, au cours du débat, des membres du Gouvernement défendre l'instauration du contrat d'engagement républicain en ces termes : « pas un euro d'argent public ne doit être donné aux ennemis de la

[359] LOEWENSTEIN (K.), « Militant Democracy and Fundamental Rights », *American Political Science Review*, préc.

[360] GAZAGNE-JAMMES (V.), « Le "républicanisme militant", une certaine conception de la démocratie militante française. Réflexions autour du projet de loi confortant les principes républicains », préc.

[361] MARTIN (L.), *Histoire de la censure en France*, PUF, coll. « Que sais-je ? », 2022, p. 30 et s.

République »[362]. Même en se passant de discuter l'opportunité d'une telle analogie[363], la formule reste révélatrice d'une sorte de défiance à l'égard des pouvoirs dont disposent les collectivités publiques. Ces dernières semblent être perçues comme pouvant soutenir des organismes dont les activités présentent le risque de porter atteinte à la cohésion nationale et donc à l'identité républicaine de l'Etat[364].

142. Quant à la critique des libertés associatives, libertés éminemment démocratiques, elle s'ordonne globalement autour de la dénonciation d'une trop grande liberté. Déjà l'étude d'impact du projet de loi soutenait que « parce qu'elles sont un espace de liberté et qu'elles façonnent notre société, elles peuvent être soit une cible, soit un outil pour des groupes diffusant des idéologies portant atteintes aux valeurs de la République »[365]. Cet argument a innervé le débat. Au cours de celui-ci, la liberté de s'associer fut décrite comme permettant, en l'état du droit, de servir un « objectif séparatiste »[366], de « lutter contre les principes

---

[362] V. par ex. le propos de M. Schiappa *in* Rapport n° 454 (2020-2021) de Mmes J. Eustache-Brinio et D. Vérien, fait au nom de la commission des lois, t. 2, déposé le 18 mars 2021, p. 111.

[363] La formule originelle participait de la justification de la Terreur (V. MARTIN (L.), *Histoire de la censure en France*, *op. cit.*, p. 30 et s.).

[364] En ce sens, v. le propos de la députée Chalas : « Face au recul d'une partie de la classe politique par ignorance, par idéologie, par renoncement, nous n'avons d'autre choix que de réaffirmer avec force nos principes par l'autorité de la loi » (Ass. nat., XVe législature, session ordinaire de 2020-2021, séance du 5 fév. 2021).

[365] Etude d'impact sur le projet de loi confortant le respect des principes de la République, 8 déc. 2021, p. 24.

[366] Ainsi la députée Guévenoux évoque le fait que « certains utilisent même la liberté d'association que protège notre Constitution pour servir un objectif séparatiste » (Ass. nat., XVe législature, session ordinaire de 2020-2021, séance du 5 fév. 2021).

républicains »[367] et de laisser le champ libre à l'« endoctrinement »[368] ou encore à l'« entrisme communautaire »[369]. Le tableau n'est toutefois pas aussi sombre que cela. Le « travail des associations, qui tissent les liens unissant notre société »[370] a été fréquemment valorisé. Il reste que la critique est bien là. Elle dépasse d'ailleurs de loin les seuls sujets du subventionnement, de l'agrément ou de la reconnaissance d'utilité publique des associations.

143. A bien des égards, cette critique témoigne de préoccupations qui ne sont pas inconnues de l'histoire. Le regroupement des individus (en une entité juridique ou non) constitue en effet le moyen le plus élémentaire pour exprimer une contestation ou, à tout le moins, pour faire connaître des revendications. Quel qu'il soit, le pouvoir politique a souvent cherché à contenir la possibilité de se regrouper afin de se prémunir contre les remises en cause du cadre dans lequel il évolue[371].

---

[367] V. le propos du député Bournazel (Ass. nat., XVe législature, session ordinaire de 2020-2021, séance du 5 fév. 2021).

[368] Propos du député De Rugy (Ass. nat., XVe législature, session ordinaire de 2020-2021, séance du 5 fév. 2021).

[369] V. le propos de la députée Colboc (Ass. nat., XVe législature, session ordinaire de 2020-2021, séance du 5 fév. 2021).

[370] Propos de la députée Guévenoux qui nous sert ici d'illustration, nombreux autres députés ayant tenus substantiellement les mêmes éloges (Ass. nat., XVe législature, session ordinaire de 2020-2021, séance du 5 fév. 2021).

[371] L'exemple le plus emblématique de cette défiance demeure l'ancien article 291 du Code pénal Napoléonien, qui soumettait à un régime d'autorisation les groupements de plus de vingt personnes. Cet exemple ne résume en rien l'ensemble des obstacles. La présente étude n'a cependant pas pour objet de les retracer. Par conséquent, le lecteur est renvoyé, parmi une littérature très riche sur le sujet, aux écrits suivants : ANDRIEU (C.) et *al.* (dir.), *Associations et champ politique*, Publications de la Sorbonne, 2001, 720 p. ; GABORIAUX (C.), « La République et les groupements privés d'intérêt général (1870-1914) : une enquête dans les archives du Conseil d'État »,

144. Au fond, la philosophie qui anime la théorie du militantisme démocratique est donc assez classique. Elle renvoie à l'idée que « le plus fort n'est jamais assez fort pour être toujours le maître, s'il ne transforme sa force en droit et l'obéissance en devoir »[372]. Certes, le contrat d'engagement républicain est d'une gravité moindre par rapport à d'autres dispositifs qui relèvent également de cette théorie. Mais il n'en procède pas moins de la même logique. Le fait que des « principes républicains » soient érigés en autant de leviers pour raffermir la cohésion nationale en est également révélateur.

§2. Les « principes républicains », leviers de la cohésion nationale

145. Au-delà du strict mécanisme militant que constituent les dispositions relatives au contrat d'engagement républicain, il y a aussi un contenu qu'il faut interroger. L'annexe au décret du 31 décembre 2021 (qui formalise le contrat), décline en sept engagements les principes suivants : respect des lois de la République ; liberté de conscience ; liberté des membres de l'association ; égalité et non-discrimination ; fraternité et prévention de la violence ; respect de la dignité de la personne humaine et, enfin, respect

in Comité d'Histoire du Conseil d'Etat et de la juridiction administrative, *Conférences « Vincent Wright » et table ronde « La loi du 24 mai 1872, 150 ans après »*, La documentation française, vol. 9, 2022, p. 81 à 98 ; JOBARD (J.-B.), *Une histoire des libertés associatives*, éd. Charles Léopold Mayer, 2022, 160 p. ; MERLET (J.-F.), *Une grande loi de la Troisième République : La loi du 1er juillet 1901*, LGDJ, coll. « Bibliothèque de droit public », t. 217, 2001, 752 p., spéc. Intro. & NOURRISSON (P.), *Histoire de la liberté d'association en France depuis 1789*, Librairie de la société du recueil Sirey, t. 1, 1920, 360 p., t. 2, 1920, 394 p.

372 ROUSSEAU (J.-J.), *Du contrat social*, Livre I, chap. III.

des symboles de la République[373]. Si l'on peut discuter du caractère proprement républicain de l'ensemble de ces principes, à l'exception sans doute du principe de laïcité[374], là n'est pas le lieu pour se faire l'écho d'un tel débat[375]. Tout au plus peut-on constater que nombre d'entre eux figurent dans les deux premiers articles de la Constitution du 4 octobre 1958, formant ainsi ce que le Professeur CARCASSONNE appelait « les piliers » du « consensus républicain »[376]. A défaut de s'immiscer dans la discussion sur leur consistance républicaine, il semble toutefois possible de relever une absence notable dans la liste dressée par le contrat d'engagement républicain, à savoir celle du principe dit d'indivisibilité de la République[377]. Principe qui préserve le caractère unitaire de l'Etat, mais aussi l'unicité du peuple

[373] V. L'annexe p. 217.

[374] V. parmi une littérature très riche sur le sujet, MORANGE (J.), « Les associations », préc. ; KESSLER (D.), « La laïcité », *Pouvoirs*, 2002, n° 100, p. 33 ; MORANGE (J.), *La laïcité de la République : garantie ou menaces pour les libertés ?*, LGDJ, coll. « Forum », 2023, p. 77 et s. & GUERRINI (M.), « La cohésion nationale : théâtre de l'objectivation des droits fondamentaux », préc.

[375] Pour un bref propos critique, v. not. MORANGE (J.), « Les associations », *RFDA*, 2021, p. 824.

[376] CARCASSONNE (G.), *La Constitution*, Points, coll. « Essais », 1ère éd., 1996, p. 39. Tentative d'incursion notable dans ces « piliers », un député a proposé que le contrat d'engagement républicain proscrive l'utilisation d'une écriture dite « inclusive », au nom de la défense de la langue de la République (V. le propos du député Henriet *in* Rapport n° 4239, fait au nom de la commission spéciale chargée d'examiner le projet de loi confortant le respect des principes de la République et de lutte contre le séparatisme, par M. F. Boudié, Ass. nat., t. 2, 9 juin 2021, p. 79. Sur ce thème, v. aussi MAZEAU (V.), « L'écriture inclusive est-elle du français ? », *AJDA*, 2023, p. 951). Anecdotique, cette tentative interroge néanmoins le choix des principes à faire figurer, c'est-à-dire la sélection opérée par le législateur (ou par l'exécutif…). Plus encore, elle interroge surtout les modifications qui, à l'avenir, pourraient être apportées au contenu du contrat d'engagement républicain

[377] Const. du 4 oct. 1958, art. premier. V. not. sur ce principe MARCOU (G.), « Le principe d'indivisibilité de la République », *Pouvoirs*, 2002, n° 100, p. 45.

français[378], son absence fait grand bruit dans un dispositif visant pourtant à prévenir et lutter contre le « séparatisme »[379].

146. La mobilisation de ces principes – le terme a été préféré à celui de « valeurs »[380] – par les dispositions relatives au contrat d'engagement républicain, interroge les fonctions que le législateur a entendu leur attribuer. Si ces fonctions peuvent être exposées distinctement, il convient de garder à l'esprit qu'elles demeurent fondamentalement entremêlées et qu'une telle distinction n'a pour autre objectif que de tenter de les identifier.

147. La première fonction attribuée aux principes figurant dans le contrat est assurément celle qui vise à en faire les principaux leviers de la cohésion nationale. Ils sont en effet les principes autour desquels les pouvoirs publics entendent rassembler une partie de la société civile. C'est à travers eux et à travers leur dimension fédérative que le législateur « tente de réintroduire une forme de consensualisme dans le rapport entre l'Etat et le milieu associatif »[381]. Expression d'un « idéal républicain »[382], ils sont ici élevés en autant d'emblèmes ayant vocation à (ré)unir et surtout à consolider un sentiment d'appartenance au groupe national,

---

[378] Cons. const., déc. n° 91-290 DC du 9 mai 1991, *Loi portant statut de la collectivité territoriale de Corse*, cons. 11, et surtout Cons. const., déc. n° 99-412 DC du 15 juin 1999, *Charte européenne des langues régionales ou minoritaires*, cons. 5.

[379] MORANGE (J.), « Les associations », préc.

[380] La raison tient à ce que le terme de « principe » a une connotation plus juridique que celui de « valeur ». V. sur ce point la remarque formulée en ce sens par le Conseil d'Etat (CE, avis, 3 déc. 2020, n° 401549, p. 12).

[381] GAZAGNE-JAMMES (V.), « Le "républicanisme militant", une certaine conception de la démocratie militante française. Réflexions autour du projet de loi confortant les principes républicains », préc.

[382] *Ibid*.

c'est-à-dire, en fin de compte, à faire cohésion. A leur manière, ils contribuent certainement à l'émergence d'un droit du vivre ensemble, « concept vague et passe-partout »[383], mais qui pourrait se résumer par l'idée d'une recherche des règles juridiques favorisant la « cohabitation harmonieuse entre individus ou entre communautés »[384]. En ce sens, l'étude d'impact du projet de loi affichait l'ambition d'« exprimer plus fortement les principes qui contribuent à définir ce que nous avons en commun et qui déterminent la civilité dans la République (…) »[385].

148. L'invocation de ces principes, si elle questionne à juste titre « le consensus social qui existait jusqu'alors »[386] et frôle le « moralisme juridique »[387], n'est toutefois pas nouvelle. Les débats sur la loi du 11 octobre 2010 interdisant la dissimulation du visage dans l'espace public[388] ont également pu mettre la question des principes républicains sur le devant de la scène. Catherine LE BRIS, comme d'autres

---

[383] ANDRIANTSIMBAZOVINA (J.), « "Vivre ensemble" et droits des libertés », *AJDA*, 2020, p. 2009.

[384] *Ibid.* Le point de départ de la réflexion se fait à partir de cette définition, tirée d'un dictionnaire. L'auteur indique aussi que le droit ne laisse aucune trace explicite de cette notion. Valentin Gazagne-Jammes note : « L'utilisation de la cohésion nationale et du vivre-ensemble dans le langage juridique semble de surcroît démontrer une forme d'échec de la politique, dont on peut penser qu'elle a pour fonction de créer les conditions de la cohésion sociale sans autre forme de contrainte. » (GAZAGNE-JAMMES (V.), « Réflexions sur l'intitulé initial de la loi sur le respect des principes de la République, dite Loi contre le séparatisme et "les atteintes à la citoyenneté" », préc.).

[385] Etude d'impact du projet de loi confortant le respect des principes de la République, 8 déc. 2020, p. 22.

[386] GAZAGNE-JAMMES (V.), « Le "républicanisme militant", une certaine conception de la démocratie militante française. Réflexions autour du projet de loi confortant les principes républicains », préc.

[387] GUERRINI (M.), « La cohésion nationale : théâtre de l'objectivation des droits fondamentaux », préc.

[388] L. n° 2010-1192 du 11 oct. 2010.

auteurs[389], rapporte que ces principes ont servi, au cours du débat, à faire émerger le concept d'« ordre public sociétal »[390], soit « une approche "renouvelée" de l'ordre public [qui] aurait pour but de préserver le "code social", c'est-à-dire "les règles minimales pour vivre ensemble", les exigences fondamentales "implicites et permanentes" du contrat social »[391]. Sans doute faut-il voir dans le contrat d'engagement républicain, une réitération de ce concept, ou au moins l'inscrire, toute proportion gardée, dans sa continuité. Le « contrat d'accueil et d'intégration » – aujourd'hui appelé « contrat d'intégration républicaine » – mobilise lui aussi des principes comparables à ceux du contrat d'engagement républicain, et peut donc témoigner d'une même philosophie[392]. L'étranger signataire de ce contrat d'intégration s'engage notamment à respecter les principes d'égalité, de laïcité, ou encore la devise de la République, ainsi qu'à suivre une « formation (...) relative aux valeurs, aux principes, et aux institutions de la République, à l'exercice des droits et devoirs liés à la vie en France ainsi qu'à l'organisation de la société française »[393].

---

[389] V. not. ANDRIANTSIMBAZOVINA (J.), « "Vivre ensemble" et droits des libertés », préc. ; GAZAGNE-JAMMES (V.), « Le vivre-ensemble : exigence supérieure ou droit subjectif ? », *RDLF*, 2019, chron. n° 30 [en ligne] & SAINT-BONNET (F.), « La citoyenneté, fondement démocratique pour la loi anti-burqa », *Jus Politicum*, 2012, n° 7 [en ligne].

[390] LE BRIS (C.), « La contribution du droit à la construction d'un "vivre ensemble" : entre valeurs partagées et diversité culturelle », *Droit et société*, 2016, n° 92, p. 75 à 98.

[391] *Ibid*.

[392] V. *supra* n° **123**.

[393] Art. L. 413-3, 1° du Code de l'entrée et du séjour des étrangers et du droit d'asile.

149. Il faut dire, en outre, que l'inventaire des principes qui est dressé dans le contrat d'engagement républicain induit une forme d'« objectivation des rapports sociaux »[394]. Ce dispositif incite en effet à appréhender la relation entre une collectivité publique et une association au prisme de principes qui lui sont *a priori* extérieurs. L'idée est ici de détacher la relation d'un contexte subjectif (l'interaction entre deux personnes juridiques), en rappelant qu'elle doit s'inscrire dans le respect d'exigences qui la dépassent, c'est-à-dire des « exigences supérieures »[395]. Surplomber de valeurs objectives l'interaction entre une collectivité publique et une association ou une fondation, traduit ainsi la volonté d'enrayer une lecture subjectiviste de cette interaction (cette dernière étant perçue comme susceptible de menacer la cohésion nationale de délitement).

150. Mais aussi primordiale soit-elle, la fonction fédérative des principes républicains mentionnés dans le contrat d'engagement républicain ne résume pas l'ensemble des buts qui leur sont assignés. Deux autres rôles peuvent en particulier leur être attribués. D'une part, ils sont le fondement sur lequel repose le contrôle opéré par chaque autorité compétente vis-à-vis d'une association ou d'une fondation. Ces principes sont en effet ceux à partir desquels l'autorité va décider de refuser ou retirer une subvention, un agrément ou la reconnaissance d'utilité publique. On peut donc soutenir – et c'est assez paradoxal au regard de leur objectif fédérateur – qu'ils servent davantage à exclure qu'à

---

[394] V. GUERRINI (M.), « La cohésion nationale : théâtre de l'objectivation des droits fondamentaux », préc.

[395] Pour reprendre les termes de la Professeure Peyroux-Sissoko, cités par Valentin Gazagne-Jammes (GAZAGNE-JAMMES (V.), « Le vivre-ensemble : exigence supérieure ou droit subjectif ? », préc.).

inclure[396]. Certains auteurs ont pu dénoncer en ce sens une conception « punitive »[397] de la cohésion nationale. D'autre part, et ce n'est pas sans liens, ces principes servent à une « identification de l'ennemi »[398]. L'association ou la fondation sanctionnée d'un refus ou d'un retrait est l'association qui ne respecte pas les principes républicains, et qui représente ainsi un danger pour la cohésion nationale et la République. Le dispositif implique alors de « faire un tri » entre les associations et les fondations auxquelles il est possible d'apporter un soutien (qu'il soit de nature financière ou qu'il tienne à la reconnaissance d'une qualité particulière), et les autres associations et fondations, pour lesquelles toute forme de soutien n'est pas seulement déconseillée, mais est prohibée[399].

151. Du point de vue du seul retrait de subvention, cette fonction d'identification de l'ennemi est accrue. La loi du 24 août 2021 prévoit en effet que si une autorité « procède au retrait d'une subvention (…), cette autorité ou cet organisme communique sa décision au représentant de l'Etat dans le département du siège de l'association ou de la

---

[396] Dans un tout autre domaine, certains auteurs n'hésitent pas à qualifier cette logique de « conception punitive de la solidarité » (ROMAN (D.), « La responsabilisation de l'individu : quel équilibre entre droits et devoirs ? », *in* BORGETTO (M.) et *al.* (dir.), *Quelle(s) protection(s) sociale(s) demain ?*, Dalloz, « Thèmes et commentaires », 2016, p. 244).

[397] V. sur cette idée, HENNETTE-VAUCHEZ (S.), « Lutte contre les séparatismes et liberté d'association », *Etudes*, 2022/9, p. 57.

[398] En ce sens, v. le Propos du député Poulliat, usant de la métaphore de la ligne à ne pas franchir : « Le contrat d'engagement républicain n'est pas destiné à dicter un comportement aux associations, mais à tracer les lignes rouges dont la République n'accepte pas le franchissement ».

[399] Pour un propos critique sur cette dichotomie, qui dépasse de loin et précède le cas du contrat d'engagement républicain, v. JOBARD (J.-B.), *Une histoire des libertés associatives*, éd. Charles Léopold Mayer, 2022, p. 89.

fondation et, le cas échéant, aux autres autorités et organismes concourant, à sa connaissance, au financement de cette association ou de cette fondation ». L'objectif est ici clair : il s'agit de diffuser l'information d'un manquement aux principes républicains, ce qui donne à cette information comme un air de signalement.

152. Si les pouvoirs publics ont entendu raffermir la cohésion nationale en instaurant le contrat d'engagement républicain raffermir la cohésion nationale, un certain nombre d'obstacles se dresse devant ce dispositif. Malgré la mobilisation de principes fédérateurs et le militantisme républicain dont il dénote, il comporte en lui-même son lot d'imperfections qui risquent d'entraver son efficacité.

SECTION II : LES LIMITES DU DISPOSITIF

153. Les limites du dispositif tiennent d'abord à une incertitude. Il apparaît en effet complexe de s'assurer de la réalité de l'adhésion aux principes républicains (§1). Elles tiennent ensuite à un paradoxe : le contrat d'engagement républicain pourrait bien s'avérer être un facteur de dissensions davantage qu'un facteur de cohésion (§2).

§1. Une incertitude : la réalité de l'adhésion aux principes républicains

154. Que le contrat d'engagement républicain cherche à recentrer les administrations et le milieu associatif autour de certains grands principes est une chose. Qu'il y parvienne concrètement en est une autre. A ce titre, plusieurs considérations peuvent laisser à penser qu'ainsi conçu, le contrat d'engagement républicain ne permettrait pas de susciter une réelle adhésion aux principes républicains. Au contraire, il est possible que cette adhésion soit tout à fait factice. D'abord, la souscription au contrat d'engagement républicain est ainsi présentée qu'elle pourrait bien n'être qu'une coquille vide (**A**). Ensuite et de surcroît, il est probable que les collectivités publiques ne soient pas dotées des moyens juridiques suffisants pour permettre de fédérer les organismes autour de ces principes (**B**).

A. La souscription au contrat d'engagement républicain, une coquille vide ?

155. La présentation du dispositif pourrait à elle seule être un frein à son efficacité, ou au moins au sentiment d'engagement qu'il cherche à créer[400]. Pour toute demande de subvention ou d'agrément, le décret du 31 décembre 2021 oblige seulement à ce qu'une case soit cochée par les organismes demandeurs. Cette action est contrainte puisque, on le sait, si cette case n'est pas remplie, l'autorité à qui est adressée la demande a l'obligation de ne pas y donner de suite favorable. Souscrire à ce contrat et aux principes qu'il contient, ce n'est donc rien d'autre que s'acquitter d'une formalité, et certainement la plus minime des formalités qui soit[401].

---

[400] V. *supra* Partie I, Chap. II.

[401] Cela n'empêche pas que certains organismes se refusent à le « signer ». Ils n'obtiennent donc pas les subventions qu'ils sollicitent. V. « Forges-de-Lanouée. Le conseil a voté les subventions aux associations », *Ouest-France - Ploërmel*, 11 mars 2023 & « Le taux d'imposition augmente de 5% », *Sud-Ouest – Pays Basque*, 22 avril 2023.

156. L'extrême sobriété de cette souscription pourrait bien desservir l'objectif poursuivi par le dispositif, voire complètement annihiler l'effet escompté. Car ainsi présentée, souscrire au contrat s'assimile à une « parodie du consentement »[402], c'est-à-dire une expression formelle d'un engagement, dont il ne découle cependant aucune substance, aucune intention profonde de s'engager. Cette critique a été exprimée très tôt dans le débat parlementaire, y compris par la voix d'élus favorables à l'instauration de ce dispositif[403].

157. Cette hypothèse d'un engagement factice est accrue lorsque l'on remarque que la souscription ne se double pas non plus du moindre semblant de procédure contractuelle. Même en conservant l'aspect rudimentaire de la souscription, une phase de discussion aurait pu être pensée. Elle aurait notamment pu permettre, dans la perspective de les corriger, de soulever des incompatibilités ou des risques d'incompatibilité entre l'activité d'un organisme et les

---

[402] FABRE-MAGNAN (M.), *L'institution de la liberté*, *op. cit.* p. 149. V. aussi dans le même sens GHESTIN (J.), « Contrat », *in* ALLAND (D.) & RIALS (S.) (dir.), *Dictionnaire de la culture juridique*, *op. cit.*, p. 276 et s. : « Lorsque l'engagement a été assumé librement, l'obligation de l'exécuter est ressentie par le débiteur comme un devoir de conscience, qui justifie à ses yeux la force obligatoire du contrat et renforce la contrainte étatique. La liberté de l'engagement est ainsi un facteur important de son exécution effective ».

[403] Il sera surtout fait référence aux propos du député Mattei : « Ce qui me plaît dans l'article 6, c'est justement le contrat. Or je crains que cet engagement, qui est important, fort et souvent le fruit d'une discussion entre la collectivité et l'association bénéficiaire ne soit banalisé par l'emploi de ce CERFA. Quand je vous entends dire, madame la ministre qu'on va faire une sorte d'engagement-type, je suis troublé. Attention à la banalisation du terme CERFA : l'engagement, qui sera communiqué à l'ensemble des adhérents de l'association, mérite peut-être plus que cela » (Rapport n° 4239, fait au nom de la commission spéciale, chargée d'examiner le projet de loi confortant le respect des principes de la République et de lutte contre le séparatisme, par M. F. Boudié, Ass. nat., t. 2, 9 juin 2021, p. 77).

principes référés dans le contrat d'engagement républicain[404]. Il n'en est rien et il faut reconnaître que c'eût été rendre complexe la tâche des administrations. Mais il n'est pour autant pas exclu que de tels entretiens puissent se réaliser. Le droit ne peut ni ne doit tout prévoir. Une demande de subvention peut notamment appeler des négociations, au cours desquelles la question du respect du contrat d'engagement républicain pourrait être évoquée.

158. La problématique de la réalité de l'adhésion aux principes et du « sentiment d'engagement » semble comprise des autorités. Face à un dispositif qui ne paraît pas mobiliser autre chose qu'un discours contractuel[405] et une logique de responsabilisation[406], certaines d'entre elles se font force d'initiative pour tenter d'en pallier les défauts. C'est ainsi qu'une commune adresse un courrier aux associations sollicitant une subvention, en exigeant d'elles un retour signé du contrat d'engagement républicain (c'est-à-dire de l'annexe au décret du 31 décembre 2021). Le courrier indique explicitement que ce retour signé conditionne le versement de la subvention[407]. D'autres municipalités,

---

[404] « Le seul intérêt d'une telle procédure contractuelle aurait été d'affiner les principes afin d'en préciser la portée au cas par cas, mais ce n'est pas le choix, d'ailleurs très difficile à mettre en œuvre, qui a été fait » (MORANGE (J.), « Les associations », *RFDA*, 2021, p. 824). On ne peut que rejoindre l'avis du Professeur Morange : sans doute que l'obligation de mettre en œuvre cette phase de discussion se heurterait, il est vrai, à des difficultés d'ordre pratique pour les administrations.

[405] V. *supra* n° **104** et s.

[406] Qui suppose une contrainte (en l'occurrence le refus ou le retrait en cas de manquement), v. *supra* n° **114** et s.

[407] Contactée, la commune de Montauban nous a fourni le document que nous avons donc pu consulter. L'histoire récente de cette commune, marquée par des attentats en mars 2012, semble expliquer en partie cette démarche. D'autres communes semblent également reprendre cette démarche à leur compte. V. par ex. « Une bonne année pour la société de chasse », *La Dépêche*

également animées par la volonté de susciter une réelle adhésion, font procéder à la signature du contrat lors de la réunion annuelle dédiée à l'attribution des subventions[408]. Si ces quelques actions relèvent avant tout d'une mise en scène destinées à introduire un soupçon de solennité, elles n'en demeurent pas moins des tentatives d'approfondissement de l'action initiée par législateur.

159. D'autres considérations laissent cependant à penser que ces initiatives demeureront insuffisantes et ne pourront suffire ni à atténuer les défauts de présentation du contrat d'engagement républicain ni, donc, à susciter une véritable adhésion. Parmi ces considérations, l'indigence des moyens juridiques permettant de s'assurer du respect et du partage des principes républicains occupe une place particulière.

B. Un dispositif incomplet ?

160. On pourrait opposer une remarque au propos précédent. Dans la mesure où le dispositif suppose *a priori* un contrôle plus approfondi des associations sollicitant une subvention, un agrément ou la reconnaissance d'utilité publique[409], le contrat d'engagement républicain ne serait pas

---

du Midi, 4 mai 2023 & « L'éclairage public éteint à partir de 9h30 », *La Montagne – Vichy*, 30 déc. 2022.

[408] La presse locale se fait régulièrement l'écho de tels évènements. V. parmi une foule d'articles, par ailleurs peu prolixes : « Une charte entre les associations et la Ville », *La Nouvelle République du Centre-Ouest – Indre et Loire*, 4 avril 2023 ; « Maslacq : les associations reçues en mairie », *La République des Pyrénées*, 21 oct. 2022 ; « Le département informe les associations », *La Dépêche du Midi*, 16 déc. 2022, p. 29 & « Des lauriers mais aussi des devoirs pour les associations locales », *La Montagne – Vichy*, 8 juill. 2022.

[409] V. *supra* Partie I, Chap. I.

qu'une formalité dont l'organisme s'acquitte dans le seul but d'obtenir ce qu'il souhaite obtenir. Ce dernier devrait, suivant cette hypothèse, prouver qu'il respecte les principes énumérés dans le contrat. Il serait aussi susceptible de faire l'objet de contrôles à cette fin. Partant, si la présentation du contrat fait montre de quelques défauts susceptibles d'entraver la réalisation de son objectif, il y serait remédié par un contrôle plus minutieux des activités de l'organisme. Mais en vérité, la loi du 24 août 2021 ne dote pas les administrations de véritables moyens juridiques leur permettant de s'assurer du respect de ces principes, et, donc, de recentrer leurs relations avec une partie de la société civile autour de ces mêmes principes.

161. Les lectures successives de la loi confortant le respect des principes de la République et du décret du 31 décembre 2021 ne font en effet remonter que de (très) maigres éléments. La loi est même muette sur ce point. A vrai dire, seule une phrase pourrait se rattacher, de manière plus ou moins explicite, à un pouvoir de contrôle dont les administrations seraient dotées pour s'assurer de la réalité de l'adhésion aux principes républicains. Déjà citée, elle figure dans le préambule de l'annexe au décret du 31 décembre 2021 : « L'administration, qui doit elle-même rendre des comptes aux citoyens, justifier du bon usage des deniers publics et de la reconnaissance qu'elle peut attribuer, est fondée à s'assurer que les organismes bénéficiaires de subventions publiques ou d'un agrément respectent le pacte républicain ». Il est cependant plus probable qu'il s'agisse là d'un argument justifiant l'instauration de ce contrat que d'un fondement juridique sur lequel reposerait le pouvoir de contrôle de l'administration. Mais si toutefois c'en était un, il faut bien reconnaître qu'il est nébuleux, puisqu'il ne prescrit aucune action concrète.

162. L'absence totale (ou quasi-totale) de moyens juridiques permettant de s'assurer que l'organisme respecte et partage les principes auxquels il prétend souscrire appelle plusieurs observations. Elle doit d'abord être nuancée. En premier lieu, l'absence de moyens juridiques n'entraînera pas nécessairement une absence de contrôle. Les autorités concernées ayant l'obligation de refuser ou de retirer une subvention, un agrément ou la reconnaissance d'utilité publique à un organisme qui ne respecte pas les principes républicains, un contrôle, au moins informel, sera certainement effectué pour répondre à cette obligation. En d'autres termes, c'est parce que la collectivité est obligée de refuser ou de retirer ces actes qu'elle doit procéder à un contrôle. En deuxième lieu, la nuance est de mise parce que l'omission de doter les collectivités publiques de moyens juridiques adaptés est en partie contrecarrée par le fait qu'elles peuvent toujours effectuer des contrôles pour s'assurer du bon usage des subventions[410]. Il en va de même pour les associations agréées et reconnues d'utilité publique, qui peuvent aussi faire l'objet de contrôles[411]. Ces contrôles pourraient alors devenir le lieu où les manquements aux principes républicains seraient constatés. En dernier lieu, il doit être souligné qu'en abandonnant les modalités de contrôle aux diverses autorités chargées de faire respecter les principes du contrat, la loi et le décret se préservent d'instaurer des dispositions trop intrusives.

---

[410] DUTHEIL (P.-H.), *Droit des associations et des fondations*, *op. cit.*, étude n° 34, spéc. § 34.114 et s. V. aussi, art. L. 1611-4 CGCT.

[411] *Ibid.*, respectivement étude n° 7, spéc. § 7.112 et s. (agrément) & étude n° 43, spéc. § 43.125 et s. (reconnaissance d'utilité publique).

163. Malgré ces quelques nuances, l'absence de moyens juridiques pour s'assurer du respect et du partage de ces principes interroge. Elle rend difficile la remontée d'informations aux autorités, au point de laisser une place à la rumeur ou aux bruits de couloirs[412]. Elle fait aussi reposer l'essentiel du dispositif sur la sanction, à savoir le refus ou le retrait d'une subvention, d'un agrément ou de la reconnaissance d'utilité publique. D'aucuns ont pu alerter sur cette situation, au regard justement de l'objectif poursuivi par l'ensemble de la loi, à savoir celui de « faire cohésion ». Par le dépôt d'un amendement, un député avait par exemple proposé que des formations soient imposées aux présidents d'associations, dans les buts d'expliquer les principes républicains (et en particulier la laïcité) et de favoriser la prévention de la radicalisation[413]. D'autres ont pu

---

[412] « "Prosélytisme religieux" : une association asphyxiée par le poison de la rumeur », *Mediapart*, 23 fév. 2023 [consulté le 6 mars 2023] & « Roubaix : une association pour la jeunesse accusée de prosélytisme dans "Zone interdite", la préfecture confirme un arrêt des subventions », *Le Parisien*, 24 janv. 2022 [consulté le 24 mai 2023]. V. aussi *Le contrat d'engagement républicain (CER). Guide pratique*, Ministère de l'Intérieur, Direction des Libertés publiques et des Affaires juridiques, févr. 2023, p. 12 [disponible en ligne sur www.associations.gouv.fr].

[413] Le député Ravier s'exprimait en ces termes : « Ces amendements visent à combler une lacune. Dans ce projet de loi qui visait à l'origine à lutter contre les séparatismes et dont l'objectif est désormais de conforter les principes de la République, vous avez décidé de créer un contrat d'engagement républicain, que les dirigeants des associations devront signer pour demander une subvention publique. Mais, dès lors qu'on leur impose de respecter les principes de la République, il faut s'assurer qu'ils les connaissent bien. Nous proposons par conséquent que ces dirigeants soient tenus de suivre, aux termes de l'amendement n° 733, une formation à la laïcité et au respect des principes républicains, et, aux termes de l'amendement n° 1032, une formation à la laïcité et à la prévention de la radicalisation. Je pense en effet qu'il ne faut pas que nous rations notre cible. Aujourd'hui, si l'on veut conforter les principes républicains, il ne faut pas oublier ce grand volet qu'est la formation, malheureusement absente du projet de loi » (Ass. nat., XVème législature,

dénoncer cette situation de façon plus énergique. Valentin GAZAGNE-JAMMES, qui regrettait d'ailleurs que le stage de citoyenneté ne soit pas davantage mobilisé par la loi, dénonçait par exemple une cohésion nationale « recréée de façon artificielle et imposée de manière verticale descendante à la société par l'État »[414], qui ne permettra pas de saisir la complexité des relations socio-politiques et, pour ainsi dire, manquerait son but.

164. Sans chercher à les accueillir ou à les rejeter, il faut constater que ces propositions et opinions ont un point de départ commun, à savoir une critique formulée à l'encontre du contrat d'engagement républicain (et même plus largement à la loi du 24 août 2021[415]). Entre les lignes au moins, elles disent en effet que, conçu de la sorte, le dispositif ne permet pas de rectifier d'éventuels écarts avec les principes républicains énoncés. Elles rejoignent et confortent une analyse déjà évoquée : le contrat d'engagement républicain aurait davantage pour effet d'exclure que d'inclure[416].

---

session ordinaire de 2020-2021, séance du 5 fév. 2021, 2ème séance). V. aussi, de l'autre côté du contrat, les formations que certaines mairies estiment nécessaire de dispenser aux élus : « Une formation juridique pour les élus », *La Provence*, 8 mai 2023 & « Elus et agents municipaux ont suivi une formation autour de la laïcité », *Le Progrès (Lyon)*, 3 déc. 2022. V. aussi « Laïcité : les acteurs sportifs cherchent le mode d'emploi », *La Gazette des communes*, 10 mai 2023 [consulté le 18 mai 2023]. Dans le cadre sportif, une telle formation doit être mise en œuvre par les fédérations (L. 24 août 2021, art. 63).

[414] GAZAGNE-JAMMES (V.), « Réflexions sur l'intitulé initial de la loi sur le respect des principes de la République, dite Loi contre le séparatisme et "les atteintes à la citoyenneté" », préc.

[415] *Ibid*.

[416] V. *supra* n° **150**. L'existence d'une procédure contradictoire imposée en cas de retrait d'une subvention risque de ne pas fondamentalement changer la donne. Soit parce qu'elle n'est là aussi perçue uniquement comme une

165. Le peu de moyens dont disposent les autorités pour s'assurer de la réalité de l'adhésion aux principes républicains, donne *in fine* l'impression que le dispositif étudié vise moins à susciter l'adhésion qu'à sanctionner tout écart à la règle. Il convient toutefois d'accorder que la recherche d'une adhésion semble par définition vaine, tant la réalité d'un sentiment est insaisissable.

166. Les incertitudes portant sur la capacité du dispositif à susciter une adhésion aux principes républicains qui soit vérifiable ne résument cependant pas l'ensemble des obstacles qui se dressent devant lui. Car – et c'est un paradoxe –, loin de réunir les administrations et le milieu associatif autour de certains grands principes, il se pourrait bien que le contrat d'engagement républicain suscite l'effet inverse, c'est-à-dire être un facteur de dissensions.

§2. Un paradoxe : le contrat d'engagement républicain comme facteur de dissensions

167. A l'inverse d'être un facteur de cohésion, le contrat d'engagement républicain pourrait bien avoir pour effet de diviser. Le principal argument venant à l'appui de cette hypothèse réside dans le risque d'interprétations concurrentes des principes référés dans le contrat (**A**). Plusieurs exemples permettent de vérifier cette hypothèse (**B**).

---

formalité pour les administrations, soit parce qu'elle n'est pas respectée. V. not. sur cette idée « La Ville annonce par communiqué qu'elle coupe les vivres à l'Académie de boxe citoyenne », *L'Echo Républicain*, 4 mars 2023 [consulté le 6 mars 2023]. V. aussi *infra* Partie II, Chap. II, spéc. Sect. I.

A. L'hypothèse d'un dispositif conflictuel

168. Lorsque vient le moment de les appliquer à des situations concrètes, les sept engagements pourraient revêtir une dimension agonistique. Ils seraient notamment susceptibles de faire naître des oppositions entre les associations et les fondations d'un côté, et les autorités publiques de l'autre. Au sein même des autorités, les principes pourraient par exemple fragmenter un conseil municipal, lorsqu'il s'agit de décider du subventionnement d'une association. Il est même des cas où le contrat d'engagement républicain pourrait se trouver au cœur d'un désaccord entre un représentant de l'Etat et un représentant d'une collectivité territoriale. Ainsi par exemple du préfet qui interpréterait un principe de manière différente que le maire, et lui exigerait par conséquent de se conformer à son interprétation.

169. Même si le décret du 31 décembre 2021 est plus précis que la loi, la généralité des principes républicains, l'ambiguïté des énoncés et le champ d'application très vaste du dispositif risquent de transformer ce contrat en un objet conflictuel. Face à une situation concrète et en l'absence, pour le moment, d'une jurisprudence bien établie sur les interprétations à donner du contrat, comment s'entendre sur ce que recouvre l'« esprit de fraternité et de civisme »[417] ou le respect de l'hymne national et de la devise républicaine[418] ? Comment identifier un comportement « remettant en cause le caractère laïque de la République »[419], « cautionnant une action de nature à porter atteinte à la sauvegarde de la dignité

---

[417] Eng. n° 5.
[418] Eng. n° 7.
[419] Eng. n° 1.

de la personne humaine »[420], « susceptible d'entraîner des troubles graves à l'ordre public »[421] ou une « action de nature à compromettre le développement physique, affectif, intellectuel et social des mineurs »[422] ?

170. La dimension conflictuelle du dispositif semble avoir été perçue par le Conseil National de l'Evaluation des Normes, même s'il est difficile de distinguer dans sa délibération ce qui relève d'une critique du contrat d'engagement républicain de ce qui relève d'une critique de la loi en général. Sa première délibération, parue avant même qu'un projet de décret soit élaboré, faisait l'observation suivante : « compte tenu de sa rédaction, pouvant à certains égards être interprétée comme une stigmatisation des administrations publiques locales, [les membres du Conseil] relèvent que le projet de texte risque de fragmenter l'unité dans l'exercice de l'autorité, de créer des tensions entre administrations publiques, en décrédibilisant par là même les différentes autorités, face à des menaces pourtant directes de nos principes républicains (…) »[423].

171. Mis entre les mains d'une multitude d'autorités, elles-mêmes parfois en proie à des interprétations concurrentes en leur sein, le contrat d'engagement républicain aurait pour effet une atomisation des interprétations qui nuirait à sa lisibilité, et donc à la réalisation de son objectif. Les associations et les fondations pourraient ici être sanctionnées d'un retrait de subvention et, là-bas, pour des faits similaires, ne faire l'objet d'aucune

---

[420] Eng. n° 6.

[421] Eng. n° 1.

[422] Eng. n° 6.

[423] Conseil national de l'évaluation des normes, délibération n° 20-11-23-02373 du 23 nov. 2020.

sanction de ce type. Pour ne prendre qu'un exemple, une association qui mène une action de désobéissance civile pourrait être sanctionnée d'un retrait de subvention, puisque c'est une « action manifestement contraire à la loi » au sens du premier engagement. Mais cela ne signifie pas pour autant que cette interprétation s'étendra à l'ensemble des mouvements de désobéissance civile sur le territoire national : d'autres autorités chargées de faire respecter le contrat d'engagement républicain pourraient, en pratique du moins, ne pas se saisir de la question et laisser le mouvement se poursuivre[424].

172. En ce sens, avec cet « archipel des polices »[425], le dispositif serait susceptible d'entraîner ce que certains auteurs ont pu appeler, dans d'autres domaines, une « reféodalisation »[426]. Appliqué au contrat d'engagement républicain, le terme est certainement excessif. Mais il n'a vocation qu'à illustrer une idée : à l'extrême pluralité des autorités chargées de faire respecter le contrat – elles sont à compter en dizaines de milliers – succèderait une atomisation des interprétations et, donc, du droit applicable devant telle

---

[424] Sans doute que les sensibilités politiques des autorités chargées de faire respecter le contrat d'engagement républicain ont une importance dans le choix de le faire ou non appliquer. Pour un propos sur ce thème, v. *infra* Partie II, Chap. II, Sect. II.

[425] Expression empruntée à BIGO (D.), cité par FONSECA (D.), « Introduction », *in* FONSECA (D.) (dir.), *Logiques des législations antiterroristes. Entre reconfiguration et défiguration du droit ?*, *op. cit.*, p. 13.

[426] V. par ex. CHASSAGNARD-PINET (S.) & HIEZ (D.), « Présentation », *in* CHASSAGNARD-PINET (S.) et HIEZ (D.) (dir.), *Approche renouvelée de la contractualisation*, Presses universitaires d'Aix-Marseille, 2007, 176 p. & ROLIN (F.), « Les visages menaçants du nouveau contractualisme : le contrat de responsabilité parentale », *RDSS*, 2007, p. 38.

ou telle autorité[427]. Les associations et fondations étant naturellement assez réticentes à s'engager sur la voie contentieuse, pour des questions de moyens mais aussi pour ne pas compromettre leurs relations futures avec les autorités, ces interprétations divergentes risqueraient de perdurer.

173. C'est sans doute pour tenter de répondre à cette situation que le ministre de l'Intérieur a adressé une circulaire aux préfets afin de préciser les conditions d'application du contrat d'engagement républicain[428]. Si c'est bien là le sens à donner à ce geste ministériel, il faut alors comprendre que les préfets ont pour mission de veiller à une application plus ou moins uniforme du dispositif. Mais il est permis d'en douter. D'une part la circulaire ne fait pas mention explicite de cet objectif et, d'autre part, elle ne ferme pas vraiment la porte aux interprétations divergentes (comment le pourrait-elle ?), y compris entre les préfets eux-mêmes.

174. Formulée comme une hypothèse, la dimension conflictuelle se vérifie à certains égards. Un certain nombre d'exemples peuvent en effet la conforter. Ces exemples ne constituent toutefois pas une preuve irréfutable que le

---

[427] V. en ce sens, SALEMKOUR (M.), « La liberté associative, un acquis démocratique à garantir », *JS*, 2022, n° 229, p. 12.

[428] Circulaire du ministre de l'Intérieur et des Outre-mer du 10 oct. 2022 relative au contrat d'engagement républicain des associations et fondations bénéficiant de subventions publiques ou d'un agrément de l'Etat [circulaire publiée par le journal en ligne Mediapart, disponible en ligne]. Cette circulaire s'est doublée d'un guide pratique à l'attention de toutes les autorités chargées de faire respecter les sept engagements. V. *Le contrat d'engagement républicain (CER). Guide pratique*, ministère de l'Intérieur, Direction des Libertés publiques et des Affaires juridiques, févr. 2023 [disponible en ligne sur www.associations.gouv.fr].

contrat d'engagement républicain sèmerait systématiquement la division plutôt que la cohésion. Ils ne font qu'avaliser l'idée que ce contrat renferme en lui un « potentiel conflictuel ».

B. La vérification de l'hypothèse

175. Les exemples concrets qui permettent d'asseoir l'idée selon laquelle le contrat d'engagement républicain peut être un facteur de dissensions peuvent être rangés en trois catégories. Ces catégories, artificielles et construites pour les besoins de la démonstration, sont faites à partir des acteurs impliqués dans la dissension. La première d'entre elles consiste ainsi à analyser ce contrat comme un vecteur de tensions entre l'Etat et les autorités décentralisées, au rang desquelles les communes occupent une place de choix. La deuxième catégorie illustre les tensions que le contrat d'engagement républicain peut contribuer à faire naître au sein d'une même autorité. Enfin, la troisième permet de mettre en lumière les tensions que ce dispositif peut engendrer sur un spectre beaucoup plus large, à savoir celui d'une opposition entre l'Etat et un certain nombre de citoyens.

176. En premier lieu, pour ce qui est du contrat d'engagement républicain comme vecteur de tensions entre l'Etat et une collectivité décentralisée, c'est sans doute l'affaire *Préfet de la Vienne* qui fournit le meilleur exemple[429]. Au cours de l'été 2022, la commune de Poitiers a autorisé

---

[429] Le propos qui suit reprend en partie ce que nous avons pu écrire à propos de cette affaire (v. DAVID (P.), « Le contrat d'engagement républicain dans le prétoire », note sous TA Poitiers, 30 nov. 2023, *Préfet de la Vienne*, n°s 2202694 & 2202695, *JCP A*, 2024, n° 22 (à paraître)).

l'association « Alternatiba Poitiers » à tenir un forum appelé « Village des Alternatives ». Pour l'organisation de cet événement réunissant plus d'une centaine d'associations et pour l'ensemble de ses activités courantes, l'association a obtenu des subventions de la part de la commune et de la communauté urbaine du Grand Poitiers. A l'occasion de cet événement, l'association a animé un stand proposant des « ateliers de désobéissance civile ». Elle y a notamment présenté un état de la législation sur ce thème et différentes techniques de désobéissance pacifique. Informé de cette animation et estimant qu'elle était « incompatible avec le contrat d'engagement républicain », le préfet de la Vienne a exigé de la commune de Poitiers et de la communauté urbaine qu'elles procèdent au retrait des subventions dont bénéficiait l'association[430].

[430] V. not. sur cette affaire, V. aussi sur cette affaire GUILLOIS (T.) & CHEVALIER (J.), « Contrat d'engagement républicain : un contrat… à trois ! », *JA*, 2023, n° 673, p. 3 ; PASTENE (M.), « Juridique - Subventions publiques - Le contrat d'engagement républicain, le préfet et le climat », *JA*, 2022, n° 667, p. 33 ; « Contre des ateliers de "désobéissance civile", le préfet de la Vienne dégaine la loi "séparatisme" », *Mediapart*, 20 sept. 2022 [consulté le 21 déc. 2022] ; « "Et si désobéir était reconnu d'intérêt général ?" La préfecture n'apprécie pas et demande de retirer les subventions publiques à Alternatiba Poitiers », *Franceinfo*, 16 sept. 2022 [en ligne, consulté le 20 mai 2023] ; V. not. « Désobéissance civile. Suite au maintien des subventions, le préfet de la Vienne porte l'affaire devant le tribunal administratif », *Franceinfo*, 29 oct. 2022 [en ligne, consulté le 20 mai 2023] ; « Poitiers : Le préfet saisit le tribunal administratif après les "ateliers de désobéissance civile" d'Alternatiba », *20 minutes*, 28 oct. 2022 [consulté le 13 nov. 2022] ; « La désobéissance civile relève de la liberté d'expression », *Le Club de Mediapart - Blog d'Alternatiba*, 23 sept. 2022 [consulté le 21 déc. 2022] ; FONDIMARE (E.), « Républicanisme versus écologisme. Quelle place pour la désobéissance civile écologiste à l'heure du contrat d'engagement républicain ? À propos du jugement du tribunal administratif de Poitiers du 30 novembre 2023, *Préfet de la Vienne*, n°s 2202694, 2202695 », *RevDH*, 29 janv. 2024 [en ligne] & BREJON (R.), « Une association bénéficiant de

177. La maire de Poitiers s'y refusa aussitôt et n'a d'ailleurs pas revu sa position. Plus encore, le conseil municipal de Poitiers a procédé à un vote pour trancher la question du maintien ou non des subventions à l'association. La communauté urbaine du Grand Poitiers en a fait de même en conseil communautaire. La réunion de ces deux assemblées a abouti au même résultat, à savoir le maintien des subventions à l'association[431]. D'une interprétation divergente sur ce que permet ou ne permet pas le contrat d'engagement républicain est donc née une opposition entre des collectivités décentralisées et l'Etat, représenté ici par le préfet[432]. Il semble en outre que cet épisode, très médiatisé, s'ajoute à un contexte relationnel déjà tendu entre la commune, la communauté urbaine et l'autorité préfectorale[433].

178. Par déféré préfectoral, le préfet de la Vienne a saisi le tribunal administratif en vue de l'annulation des deux décisions de refus qui lui ont été opposées. Il n'a pas obtenu gain de cause. Dans un jugement qui montre bien que la question du sens à donner aux engagements est au cœur de l'équation[434], le tribunal administratif de Poitiers a estimé que le subventionnement de cet événement ne manquait pas

---

subventions publiques peut-elle former à la désobéissance civile ? », *AJDA*, 2024, p. 446.

[431] V. « Désobéissance civile. Après le vote du conseil municipal, la Ville de Poitiers maintient sa subvention à Alternatiba », *Franceinfo*, 3 oct. 2022 [en ligne, consulté le 20 mai 2023].

[432] Sur ce point, v. « Ces maires qui défient l'Etat : retour au militantisme », *La Gazette des communes*, 2 fév. 2023 [consulté le 10 fév. 2023].

[433] « Des élus peuvent-ils avoir la peau d'un préfet ? », *La Gazette des communes*, 5 janv. 2023 [consulté le 18 mai 2023].

[434] En ce sens, v. DUPRE DE BOULOIS (X.), *Droit des libertés fondamentales*, PUF, coll. « Thémis droit », 2024, 4ème éd., § 591 & les concl. Domingo sur CE, 30 juin 2023, *Union syndicale Solidaires et a.*, n° 461962 et a.

aux obligations issues des engagements n° 1 et 5 du contrat (le premier prohibe en substance l'incitation à une action contraire à la loi ou violente et le second oblige l'association subventionnée à agir dans un esprit de fraternité et de civisme)[435].

179. En deuxième lieu, le contrat d'engagement républicain peut être la source de dissensions internes à chaque autorité chargée de le faire respecter. L'affaire dite des « Ducs d'Angers » en donne une illustration. Elle a entraîné la division du conseil municipal d'Angers. En cause, la volonté de la majorité de subventionner un club de hockey sur glace, dont le président avait été condamné en appel pour des faits de harcèlement sexuel commis en 2016 au cours de son activité professionnelle de promoteur immobilier[436]. L'opposition avançait alors les principes du contrat d'engagement républicain pour dénoncer cette décision, contestant ainsi sa légalité[437]. Qualifié pour l'occasion de « pacte poudrière »[438], le contrat a offert à l'opposition un moyen d'argumenter contre ce projet. En vain, puisque la majorité n'a pas reculé et le club a été subventionné[439].

---

[435] TA Poitiers, 30 nov. 2023, *Préfet de la Vienne*, n°s 2202694, 2202695 préc. Concl. Bréjon, *AJDA*, 2024, p. 446.

[436] La personne en cause étant présidente du club depuis l'année 2005, ces faits se sont donc déroulés *au cours de sa présidence*, bien qu'ils ne se soient pas déroulés, *a priori*, dans le cadre de sa fonction de président du club.

[437] « Angers. Au conseil municipal, un pacte républicain qui a l'effet d'un boomerang », *Le Courrier de l'Ouest*, 27 juin 2022 [consulté le 18 mai 2023].

[438] *Ibid.*

[439] Concernant les suites des plaintes déposées à l'encontre du Président du club, la Cour de cassation a rejeté son pourvoi et il a par suite démissionné de sa fonction de président, non sans pression des élus locaux. V. Cass., Soc., 15 fév. 2023, n° 21-23.919 & « Ducs d'Angers. Michael Juret et la direction générale démissionnent : un administrateur sera nommé », *Ouest-France*, 2 mars 2023 [consulté le 20 mai 2023].

179. En troisième et dernier lieu, le contrat d'engagement républicain peut provoquer la naissance d'une opposition entre les citoyens et l'Etat. Dans l'exemple ici mobilisé, c'est même la menace de la mise en œuvre du contrat qui peut être génératrice d'antagonismes. Le 5 avril 2023, lors d'une audition parlementaire en commission des lois, le ministre de l'Intérieur a laissé sous-entendre qu'il pourrait être amené à revoir l'octroi de subventions à la Ligue des droits de l'Homme[440]. Il pointait du doigt le rôle de cette association dans une série de manifestations qui se sont déroulées à Sainte-Soline (Deux-Sèvres) et les heurts que son action aurait prétendument engendrés. Il dénonçait aussi le recours effectué par l'association devant le tribunal administratif, dirigé contre un arrêté préfectoral interdisant le port et du transport d'armes par destination[441]. Le moyen juridique par lequel une décision de retrait des subventions aurait été prise n'a pas été explicité. Mais l'on peut s'accorder, comme d'autres[442], sur le fait que le contrat d'engagement républicain aurait été un outil adapté pour répondre à l'ambition du ministre[443]. Ces propos, qui ont trouvé une

---

[440] « Gérald Darmanin menace de remettre en question les subventions publiques accordées à la Ligue des droits de l'homme », *Le Monde*, 5 avril 2023 [consulté le 20 mai 2023].

[441] V. le communiqué de l'association : « Retour sur les propos de Gérald Darmanin au sujet de l'observation de la LDH à Sainte-Soline (audition à l'Assemblée nationale du 5 avril 2023) », *Ligue des droits de l'Homme*, 5 avril 2023 [en ligne sur le site de l'association : www.ldh-france.org, consulté le 20 mai 2023].

[442] Par ex. « Il y a une volonté de contrôler les activités des associations », *L'Humanité*, 3 mai 2023, [consulté le 18 mai 2023].

[443] Il ne semble toutefois pas que le motif tiré de la contestation d'un arrêté préfectoral en référé-liberté puisse être suffisant à justifier un retrait des subventions publiques. D'autres arguments auraient pu être avancés avec plus ou moins d'efficacité. L'avantage d'un retrait sur le fondement du CER aurait évidemment résidé d'une part dans le caractère permissif des engagements

forte résonnance médiatique, ont suscité une vive émotion dans une partie de l'opinion publique. Au point qu'en réaction l'association a pu observer une vague massive de donations pécuniaires et ses adhésions croître de plus de 4 000 membres, soit de plus de la moitié de ses effectifs[444]. La Première ministre affirmera toutefois, au lendemain des propos tenus par le ministre de l'Intérieur, qu'aucun retrait de subventions ne sera édicté[445].

180. Cet événement révèle que le simple fait d'envisager de recourir au contrat d'engagement républicain peut suffire à créer une logique d'opposition, loin de son objectif fédérateur. Mais puisque l'utilisation de ce dispositif n'a pas été explicitement envisagée en l'espèce, cet événement révèle aussi que, plus largement, c'est la menace d'un retrait des subventions qui apparaît fondamentalement comme la question clivante. Il n'en demeure pas moins des cas où c'est bien le contrat d'engagement républicain et ses principes qui peuvent constituer le point névralgique d'un désaccord, comme les affaires *Préfet de la Vienne* et « Ducs d'Angers » le montrent.

(nous l'avons vu, avec le CER, le terrain argumentatif est large) et, d'autre part, dans la rétroactivité de cette décision de retrait.

[444] « Patrick Baudouin : "L'attaque contre la LDH réveille les consciences" », *Le Progrès*, 21 avril 2023, [consulté le 17 mai 2023].

[445] « Elisabeth Borne s'en prend à son tour à la Ligue des droits de l'homme », *Le Monde*, 13 avril 2023 [consulté le 20 mai 2023].

CONCLUSION DU CHAPITRE I

181. En analysant la finalité du contrat d'engagement républicain – à savoir raffermir la cohésion nationale –, il est apparu que ce dispositif était d'abord le produit d'un militantisme « républicain ». Il est en effet un outil juridique dont la démocratie française s'est dotée dans le but de prévenir et parer les attaques d'ennemis de l'intérieur. Mais le contrat d'engagement républicain tente d'abord, avant toute sanction, de fédérer autour de principes dits « républicains ». Le dispositif est présenté de manière à ce que les administrations, mais surtout les associations et les fondations, doivent faire part de leur adhésion aux principes en souscrivant au contrat. C'est en ce sens que ces principes peuvent être qualifiés de leviers de la cohésion nationale : supposés être consensuels, leur objectif premier est bien celui de rassembler, d'unir.

182. Pour autant, un certain nombre d'obstacles se dressent devant l'objectif poursuivi. La plupart d'entre eux sont inhérents au dispositif. Ce dernier pourrait d'abord très bien laisser planer le doute sur la réalité de l'adhésion aux principes républicains. Sa présentation (une simple case à cocher) et l'absence de véritable moyen de s'en assurer, pourrait transformer la souscription au contrat en un simulacre d'adhésion. Mais plus encore, le contrat d'engagement républicain pourrait être contreproductif et diviser plutôt que fédérer. En effet, si une (trop) rapide lecture des principes républicains donne le sentiment de principes partagés, il est fort à parier que ce ne sera pas systématiquement le cas lorsqu'ils serviront de fondement à un refus ou à un retrait de subvention, d'agrément, ou de reconnaissance d'utilité publique. La sanction du manquement à ces principes nécessite effectivement qu'ils soient interprétés, ce qui peut révéler des conceptions relativement divergentes et étouffer leur dimension consensuelle. L'étude de certaines interprétations contradictoires a pu montrer que cette hypothèse n'était pas qu'une spéculation.

183. Une question demeure cependant en suspens. Analyser le contrat d'engagement républicain au prisme de sa finalité ne permet pas, en effet, de répondre à la question de savoir si, dans la poursuite de son objectif, le dispositif ne comporte pas en lui le risque de porter atteinte aux libertés associatives. Certes, interroger la finalité du contrat d'engagement républicain, c'est d'abord s'interroger sur les moyens mobilisés par rapport au but poursuivi, puis sur les potentielles entraves à la réalisation de ce but. Mais la réponse à ces questions ne met pas explicitement en évidence les conséquences éventuelles et collatérales de la poursuite de cette finalité. En particulier, elle ne tranche pas la question du point de vue des droits et libertés fondamentaux : le risque d'atteinte aux libertés associatives, s'il existe, n'est pas étayé.

CHAPITRE II : LES LIBERTES ASSOCIATIVES AU DEFI DU CONTRAT D'ENGAGEMENT REPUBLICAIN

184. Confronter le contrat d'engagement républicain aux « libertés associatives » nécessite d'abord de s'entendre sur les termes employés. Il faut ici se détacher d'une définition classique et constitutionnelle de la liberté d'association. Depuis la décision éponyme rendue par le Conseil constitutionnel, la notion de liberté d'association désigne le fait de pouvoir librement créer une association sans que cette création soit soumise « pour sa validité à l'intervention préalable de l'autorité administrative ou même de l'autorité judiciaire »[446]. En d'autres termes, la définition constitutionnelle s'attache à la seule liberté de s'associer par une simple déclaration. Elle ne permet donc pas de rendre compte de la liberté d'association en tant que moyen d'action collective. Car une fois créée, l'association doit disposer d'un espace dans lequel se mouvoir, c'est-à-dire être à même de se prévaloir d'autres libertés pour accomplir sa raison d'être. « Il ne suffit pas de permettre aux associations de se constituer pour garantir leur liberté »[447]. La jurisprudence

[446] Cons. const., déc. n° 71-44 DC du 16 juill. 1971, § 2. V. aussi *supra* n° **17** note 57 et, au sujet de cette déc., BOUDOU (G.), « Autopsie de la décision du Conseil constitutionnel du 17 juillet 1971 sur la liberté d'association », *RFDC*, 2014, n° 97, p. 5.

[447] THOURY (C.), « Les libertés associatives sont-elles remises en question ? », *JA*, 2021, n° 650, p. 18. Cette phrase fait écho à une actualité qui dépasse de

européenne des droits de l'homme en atteste[448]. D'où la distinction ici opérée entre la liberté d'association, qui n'est aucunement remise en cause par le contrat d'engagement républicain, et les libertés associatives, pour lesquelles la question demeure. Il y a lieu de s'interroger en particulier sur le dirigisme que le contrat d'engagement républicain pourrait impliquer (**Section I**). De même, le dispositif semble laisser une place à une utilisation que l'on pourrait qualifier de politique. Cela ne manque donc pas, là non plus, d'interroger le risque d'atteintes aux libertés associatives (**Section II**).

SECTION I : UN DISPOSITIF DIRIGISTE ?

185. Trancher la question de savoir si le contrat d'engagement républicain est un dispositif dirigiste suppose d'abord qu'il soit à même d'encadrer l'activité des

---

loin le contrat d'engagement républicain. V. not. : Cons. const., déc. n° 2022-986 QPC du 1er avril 2022 ; « Le Sénat veut suspendre la réduction fiscale pour les dons aux associations condamnées », *Les Echos*, 15 déc. 2022 [consulté le 6 janv. 2023] ; PFRUNDER (F.), « Après un quinquennat de crises, une confiance à reconstruire », *JA*, 2022, n° 656, p. 15 & DUFFAR (J.) & ROBERT (J.), *Droits de l'homme et des libertés fondamentales*, LGDJ, 8ème éd., 2009, § 844.

[448] V. par ex. les arrêts CEDH, Gde Ch., 11 janv. 2006, *Sørensen et Rasmussen c. Danemark* n° 52562/99 & CEDH, 8 sept. 2014, *Magyar Keresztény Mennonita Egyhaz et a. c. Hongrie*, nos 70945/11 (d'ailleurs évoqués par L. Domingo dans ses concl. sous CE, 30 juin 2023, *Union syndicale Solidaires et a.*, n° 461962. Se reporter aussi à VALTICOS (N.), « Article 11 », *in* PETTITI (L.-E.) et *al.* (dir.), *La Convention européenne des droits de l'homme. Commentaire article par article*, Economica, 2ème éd., 1999, p. 419 & COUSSIRAT-COUSTERE (V.), « Article 11 § 2 », *in* PETTITI (L.-E.) et *al.* (dir.), *La Convention européenne des droits de l'homme. Commentaire article par article*, Economica, 2ème éd., 1999, p. 431.

associations et des fondations. En d'autres termes, il s'agit de vérifier ici que le dispositif est à même d'exercer une contrainte sur les associations et les fondations (**§1**). De la réponse à cette question découle nécessairement une autre interrogation. Elle consiste cette fois à savoir si, ainsi conçu, le contrat d'engagement républicain fait peser une menace sur le pluralisme associatif, c'est-à-dire sur la diversité des associations et des expressions dont elles sont le relais (**§2**).

§1. Un outil d'encadrement des activités associatives

186. L'apparition du contrat d'engagement républicain a suscité une avalanche de critiques. Outre la prétendue inutilité juridique du dispositif – qui, comme il a été indiqué, n'est pas totalement vérifiée[449] –, un autre reproche a été asséné. Ce dispositif a en effet été accusé, et l'est encore[450], d'être un outil de contrôle entraînant une « mise sous tutelle »[451], un musellement de la vie associative. Chacun y est allé de son verbe : parlementaires[452], responsables

[449] V. *supra* Partie I, Chap. I.

[450] V. par ex. « Le Mouvement associatif appelle à abroger le contrat d'engagement républicain », *Mediapart*, 26 janv. 2023 [consulté le 1er fév. 2023].

[451] V. le propos de la Sénatrice Assassi, Sénat, séance du 30 mars 2021.

[452] Par ex. v. le propos de la députée Untermaïer *in* Rapport n° 4239, fait au nom de la commission spéciale, chargé d'examiner le projet de loi confortant le respect des principes de la République et de lutte contre le séparatisme, par M. F. Boudié, Ass. nat., t. 2, 9 juin 2021, p. 19.

associatifs[453], avocats[454], journalistes[455], universitaires spécialisés en droit ou dans d'autres disciplines[456], ainsi qu'un certain nombre d'organes consultatifs pour certains de rang constitutionnel[457]. Mais le nombre de ces critiques ne doit pas à lui seul emporter la conviction que le contrat d'engagement républicain se trouve effectivement être un outil de contrôle,

---

[453] V. parmi une foule d'articles : « Contrat d'engagement républicain : le désaccord des associations », communiqué du Mouvement Associatif, 3 janv. 2022 [disponible en ligne sur www.lemouvementassociatif.org, consulté le 22 mai 2023] ; THOURY (C.), « Les libertés associatives sont-elles remises en question ? », *JA*, 2021, n° 650, p. 18 & PFRUNDER (F.), « La subvention, outil de partenariat et de confiance », *JA*, 2021, n° 636, p. 18. V. aussi plus récemment : « Il y a une volonté de contrôler les activités des associations », *L'Humanité*, 3 mai 2023, [consulté le 18 mai 2023] & « Après la sortie « extrêmement grave » de Darmanin sur la LDH, le monde associatif s'insurge contre un « fait du prince » », *Le Huffington Post*, 23 avril 2023 [consulté le 17 mai 2023].

[454] Par ex. LEFEVRE (A.), et *al.*, « Loi Séparatisme, l'heure du bilan : le renforcement croissant du contrôle des associations », billet du blog Seban Avocats, 14 avril 2023 [disponible en ligne sur www.seban-associes.avocat.fr, consulté le 22 mai 2023].

[455] Par ex. « "Séparatisme" : l'Assemblée rabote la liberté associative », *Mediapart*, 9 fév. 2021 [consulté le 22 mai 2023].

[456] Du côté des juristes, v. par ex. TOUZEIL-DIVINA (M.), « La "nouvelle" laïcité des associations : plus républicaine que la République et toujours plus latitudinaire », *AJCT*, 2021, p. 457 & HENNETTE-VAUCHEZ (S.), « Lutte contre les séparatismes et liberté d'association », *Etudes*, 2022/9, p. 57. Du côté d'autres sciences, v. not. DELFINI (A.), ELFAOUZ (N.) & TALPIN (J.), « Domestiquer la critique. La restriction des libertés associatives dans la France contemporaine », *Délibérée*, 2021/3, n° 14, p. 51 ; SENIGUER (H.), *La République autoritaire. Islam de France et illusion républicaine (2015-2022)*, Le Bord de l'eau, coll. « Documents », p. 246 ; « L'Etat n'a pas à scruter les consciences des individus », *La Gazette des communes*, 16 janv. 2023 [consulté le 16 janv. 2023] & SPITZ (J.-F.), *La République ? Quelles valeurs ? Essai sur un nouvel intégrisme politique*, Gallimard, coll. « NRF essais », 2022, p. 37.

[457] Par ex. CNCDH, avis sur le projet de loi confortant le respect des principes de la République n° A-2021-1 du 28 janv. 2021 (JO 14 fév. 2021) ; CNCDH, second avis sur le projet de loi confortant le respect des principes de la République, n° A-2021-4 du 25 mars 2021 (JO 4 avr. 2021) & Défenseur des droits, avis n° 21-01 du 12 janv. 2021 (ici dans un rôle consultatif).

ou, pour le formuler autrement, un outil « liberticide ». Il convient en effet de dépasser la donnée quantitative. L'analyse doit plutôt se concentrer sur ce que le contrat d'engagement républicain recèle ou non de restrictif vis-à-vis des associations et des fondations. On entend par là identifier ce qui, avec le contrat d'engagement républicain, aurait pour effet de limiter les capacités d'action des associations et des fondations, c'est-à-dire les « enfermer dans des limites plus étroites »[458].

187. Il faut d'abord rappeler que le contrat d'engagement républicain vient s'ajouter à tout un corpus de règles régissant le contrôle opéré par l'administration sur l'utilisation des subventions par une association[459]. Ces règles consistent pour la plupart en des obligations de transparence financière et doivent permettre à l'administration de

---

[458] Définition donnée par le Centre Nationale des Ressources Textuelles et Linguistiques (CNRTL) pour l'entrée « restreindre » [en ligne]. La Cour Européenne des droits de l'homme mobilise cette notion. Pour un aperçu des différentes « restrictions » à la liberté d'association prises en compte par elle, v., en plus des éléments précités, *Guide sur l'article 11 de la Convention européenne des droits de l'homme. Liberté de réunion et d'association*, Cour européenne des droits de l'homme, version du 31 août 2022, p. 29 et s. [disponible en ligne sur le site de la Cour : www.echr.coe.int]. Il se trouve que ces « restrictions » prises en considération par la Cour sont majoritairement le fait de refus d'enregistrement d'une association ou alors de dissolution. Il n'en demeure pas moins que la Cour peut identifier une restriction dans des contraintes financières imposées par les pouvoirs publics. Mais il faut bien reconnaître que les litiges portés devant la Cour concernent davantage des partis politiques, pour lesquels le contrôle opéré par la Cour est plus rigoureux (CEDH, 27 janv. 2017, *Les Authentiks et Supras Auteuil 91 c. France*, n° 4696/11, § 74 à 84). Pour un aperçu de la diversité des restrictions, le guide renvoie aux arrêts CEDH, 3 sept. 2020, *Yordanovi c. Bulgarie*, n° 11157/11, § 62 à 63 et CEDH, 10 oct. 2022, *Ecodefence et autres c. Russie*, n° 9988/13, § 81 à 87.

[459] Les questions de la reconnaissance d'utilité publique et de l'agrément sont un temps écartées du raisonnement pour une focale sur la subvention, qui a monopolisé et le débat, et suscité le plus de critiques.

s'assurer du bon usage des deniers publics, c'est-à-dire de leur utilisation à une fin précise et prédéterminée[460]. Par exemple, un certain nombre de ces règles ont pour objectif de faciliter la lutte contre le financement du terrorisme[461]. Dans certains cas, une inspection menée par l'administration fiscale est possible, de même qu'un contrôle de la comptabilité de l'organisme par les juridictions financières[462]. Mais le contrat d'engagement républicain dépasse le domaine du seul bon usage des subventions. Sans totalement l'abandonner, il s'éloigne en effet de cet objectif et incite toutes les administrations à prendre en compte d'autres facteurs qui tiennent moins à l'utilisation faite d'une subvention qu'au cadre humain dans lequel elle est utilisée. En d'autres termes, le contrat d'engagement républicain pousse les administrations à se départir d'une analyse froide, purement fiscale et comptable de l'utilisation faite d'une subvention, au profit d'un examen opéré par tout moyen prenant davantage en compte la réalité de la vie associative.

188. Appréhendées sous cet angle, les nouvelles obligations faites aux administrations peuvent apparaître comme autant de nouvelles contraintes pour les organismes subventionnés. Ici, l'idée avancée est qu'en cas de manquement aux principes républicains, l'obligation faite à l'administration de retirer ou de refuser une subvention

---

[460] DUTHEIL (P.-H.) (dir.), *Droit des associations et des fondations*, *op. cit.*, étude n° 34 & SEMON (G.), *Le contrôle du fonctionnement des associations de la loi du 1er juillet 1901*, 2 tomes, 2001, Thèse, Université Paris I Panthéon-Sorbonne, Cujas. V. aussi art. L. 1611-4 CGCT et *supra* Partie I, Chap. I, Sect. II.

[461] HALBA (B.), BANGOURA (K.) & ELIO (N.), « Financement - Lutte contre le financement du terrorisme - Les associations concernées ! », *JA*, 2022, n° 665, p. 41.

[462] DUTHEIL (P.-H.) (dir.), *Droit des associations et des fondations*, *op. cit.*, étude n° 34.

(comme un agrément ou une reconnaissance d'utilité publique) se répercuterait sur les capacités d'action d'une association ou d'une fondation. A la réduction de la marge de manœuvre de l'administration succèderait ainsi une réduction du champ des possibles pour ces organismes. Ces derniers seraient contraints, ou au moins incités, à faire preuve de davantage de prudence, sinon de retenue.

189. Cette hypothèse peut aussi s'appuyer sur le fait que les sept engagements peuvent être interprétés de plusieurs manières différentes, ce qui permettrait de saisir un certain nombre de réalités. De même, l'absence de tout cadre juridique déterminé pour s'assurer du respect de ces engagements peut suffire à ce que les administrations fondent leurs décisions sur des faits qu'elles n'ont pas elles-mêmes constatés. La circulaire adressée par le ministre de l'Intérieur aux préfets indique d'ailleurs que :

> « Le constat d'un manquement peut être établi par tout moyen : par l'autorité administrative ou l'organisme [gestionnaire d'un service public industriel et commercial] lui-même (par exemple en se déplaçant dans les locaux d'une association ou d'une fondation), par des tiers, par une décision de justice, par un article de presse, par une autre autorité administrative ou un autre organisme l'informant du retrait d'une subvention accordée à la même association ou fondation, etc. »[463]

190. Quelques exemples viennent à l'appui de l'hypothèse d'une restriction des capacités d'action d'une association ou d'une fondation. Pour ce qui est de la

[463] Circulaire du ministre de l'Intérieur et des Outre-mer du 10 oct. 2022 relative au contrat d'engagement républicain des associations et fondations bénéficiant de subventions publiques ou d'un agrément de l'Etat, point IV [circulaire publiée par le journal en ligne Mediapart].

désobéissance civile, le cas d'« Alternatiba Poitiers » a déjà été évoqué[464]. Mais il est une autre affaire qui, sur le même thème, peut illustrer à la fois les limites aux libertés associatives que le contrat d'engagement républicain peut entraîner et la souplesse avec laquelle l'information d'un manquement est recueillie. Il s'agit du cas de l'association « la Maison Régionale de l'Environnement et des Solidarités » (« MRES ») de Lille. Cette association a organisé, en octobre 2022, un cycle de conférences auquel ont participé deux associations adeptes de la désobéissance civile. Ayant appris l'existence de cet événement, le préfet a décidé de convoquer la MRES à la préfecture. La presse relate : « la préfecture des Hauts-de-France affirme avoir été alertée "par un reportage sur une chaîne télévisée d'information en continu relayant une rencontre organisée dans les locaux de la MRES de Lille en octobre 2022 (...)" »[465]. Cet épisode n'a semble-t-il pas été suivi de conséquences sur les subventions octroyées à l'association. Toujours selon la presse, le préfet a adressé un courrier à la MRES dans lequel il affirme « prendre "acte" des explications avancées "tout en incitant la MRES à faire montre de vigilance pour l'avenir, s'agissant

---

[464] V. *supra* n° **176**.

[465] « La répression de la désobéissance civile se généralise », *Mediapart*, 13 janv. 2023 [consulté le 16 janv. 2023]. Du moins c'est là la parole officielle. Car il existe un récit contradictoire des évènements. Suivant la même source : « Un courrier a été exposé aux représentants de la MRES lors de leur convocation à la préfecture. "C'est bien la Région qui saisit le préfet Leclerc en disant que quelqu'un a vu un journaliste de BFMTV citant le mot de désobéissance civile", explique à Mediapart Xavier Galand, directeur de la MRES. Celui-ci précise par ailleurs que, dans le reportage incriminé, l'expression "désobéissance civile" "n'a été prononcée à aucun moment par les personnes interrogées dans le reportage", mais uniquement par le journaliste ». V. aussi sur cette affaire : « La MRES convoquée en préfecture pour un rappel aux "principes républicains" », *Nord Eclair*, 6 janv. 2023 [consulté le 11 janv. 2023].

des événements organisés dans ses murs" »[466]. Aussi a-t-il délivré, à l'occasion de ce courrier, son interprétation du contrat d'engagement républicain : « les "incitations à la désobéissance civile s'apparentent à un trouble à l'ordre public" (…) avant d'avertir qu'"une association qui ne respecterait pas son contrat d'engagement républicain ne saurait bénéficier de subventions de l'État" »[467].

191. A côté de la désobéissance civile (ou des simples incitations à la désobéissance civile), c'est le port du voile islamique qui semble être propice à une utilisation du contrat d'engagement républicain par les administrations. Ainsi la commune de Châlons-sur-Saône a-t-elle estimé que le contrat d'engagement républicain était méconnu dans le cas d'une affiche élaborée par une association et faisant figurer six femmes parmi lesquelles une portait un foulard. Pour la commune, il y avait là une remise en cause du caractère laïque de la République incompatible avec le premier engagement du contrat d'engagement républicain. Cela justifierait donc le retrait des subventions octroyées à l'association. Son interprétation a toutefois été désavouée par le Conseil d'Etat statuant en référé-liberté[468].

192. Un autre exemple du même type, mais qui a débouché cette fois sur un retrait effectif des subventions, peut s'observer à travers le cas de l'association « Femmes sans frontières ». Cette association, subventionnée par plusieurs autorités administratives depuis un certain nombre d'années, a vu ses subventions retirées après entretien avec la

---

[466] « La répression de la désobéissance civile se généralise », *Mediapart*, préc.
[467] *Ibid*.
[468] CE, ord., 10 mars 2022, *Commune de Chalon-sur-Saône*, n° 462140. V. sur cette affaire CALVES (G.), « Femme voilée sur une affiche : la laïcité de la République n'est pas en danger », *AJDA*, 2022, p. 1462.

préfecture. Au cours de cet entretien, le port du voile islamique par certaines de ses membres lui aurait notamment été reproché, ainsi que l'emploi d'une autre langue que le français[469]. A travers la presse, l'association a fait part de la décision du préfet de l'Oise qui tenait en ces termes :

> « Les collectivités et associations partenaires du Pass Permis Citoyen[470] se doivent de respecter les principes de laïcité et de neutralité politique. Or, les services de la préfecture de l'Oise ont porté à ma connaissance que votre association ne respectait pas les valeurs de la République et, par conséquent, les principes précités. Au regard de ces éléments, je suis au regret de vous informer que votre association ne pourra plus bénéficier des dispositifs du conseil départemental. Aussi, votre association ne percevra plus de subvention départementale et ne figurera plus dans la liste des partenaires du Pass Permis Citoyen »[471].

193. A en croire ces exemples, le contrat d'engagement républicain pourrait donc bien renfermer en lui une dimension restrictive pour les libertés associatives. Ils montrent en effet que certaines actions tendent désormais à être saisies par le droit, là où auparavant elles pouvaient faire

---

[469] Il nous faut ici signaler que l'association se donne notamment pour objectif d'apprendre le français à des personnes qui ne sont pas francophones.

[470] « Le Pass Permis Citoyen est une aide financière de 600€, sans aucune condition de ressources, allouée par le Conseil départemental de l'Oise pour tous les jeunes Oisiens âgés de 18 à 19 ans révolus. Désormais, il est également ouvert aux jeunes qui ont obtenu leur permis de manière anticipée, grâce au dispositif de la conduite accompagnée » (« Le Pass Permis Citoyen », Oise, le département [disponible en ligne sur www.oise.fr]). Des associations en sont « partenaires », de sorte que les bénéficiaires peuvent utiliser cet argent auprès des associations référées sur un registre.

[471] « "Prosélytisme religieux" : une association asphyxiée par le poison de la rumeur », *Mediapart*, 23 fév. 2023 [consulté le 6 mars 2023].

l'objet d'une contestation qui relevait sans doute davantage de la réprobation sociale ou politique[472]. A cela doit aussi s'ajouter le fait que le champ d'application du contrat d'engagement républicain est pour le moins étendu. D'une part, parce que le nombre d'associations ou fondations reconnues d'utilité publique, agréées ou subventionnées représente à lui seul un nombre important[473]. D'autre part, parce que le contrat d'engagement républicain prévoit un mécanisme permettant d'imputer à l'association le fait d'un de ses dirigeants, salariés, membres ou bénévoles agissant en tant que tels[474]. Cette dernière considération interroge directement les moyens dont dispose chaque association, en fonction de ses effectifs, pour s'assurer du respect des principes républicains par chacun de ses membres. Mais quoi qu'il en soit, c'est bien ce mécanisme d'imputabilité qui permet par exemple à un maire d'exiger d'une association qu'elle prenne les mesures nécessaires afin que ses adhérentes de confession musulmane ne se baignent pas en burkini lors des activités qu'elle organise à la piscine municipale[475].

---

[472] Sur ce point, v. GAZAGNE-JAMMES (V.), *Les actes nuisibles à la vie en société. Etude sur les exigences de la vie en société à partir de l'article 5 de la déclaration de 1789*, LGDJ, coll. « Bibliothèque constitutionnelle et de science politique », t. 160, 2022, p. 126 et s. & 183 et s.

[473] V. sur ce point l'étude d'impact du projet de loi confortant le respect des principes de la République, 8 déc. 2022, p. 74 et s. Le Professeur Morange ne semble cependant pas être de cet avis : « Est-il logique, d'une part, de limiter cet engagement aux seuls groupements sollicitant l'octroi d'une subvention ? Est-il judicieux, d'autre part, de ne viser qu'un nombre aussi restreint d'exigences ? » (MORANGE (J.), « Les associations », préc.).

[474] Décret n° 2021-1947 du 31 déc. 2021, art. 5, I.

[475] « Une association de Beaubreuil avait organisé une sortie piscine contestée à Saint-Junien », *Le Populaire du Centre*, 15 déc. 2022 [consulté le 21 déc. 2022] & « Burkini : une association de Beaubreuil rappelée à l'ordre par la municipalité de Limoges », *Le Populaire du Centre*, 14 déc. 2022 [consulté le 18 mai 2023].

194. En outre, en raison d'une ambiguïté que nous avons déjà soulignée[476], le contrat d'engagement républicain pourrait bien faire l'objet d'une application avant même toute souscription. Le dispositif n'est pas, en principe, opposable aux organismes qui n'y ont pas souscrit. Il n'y a donc aucune raison que ce contrat leur soit appliqué. Cela résulte de la réserve d'interprétation formulée par le Conseil constitutionnel, et du décret du 31 décembre 2021 qui dispose que :

> « Les engagements souscrits au titre du contrat [d'engagement républicain] sont opposables à l'association *à compter de la date de souscription du contrat*. Est de nature à justifier le retrait d'une subvention, en numéraire ou en nature, *un manquement aux engagements souscrits au titre du contrat commis entre la date à laquelle elle a été accordée et le terme de la période définie par l'autorité administrative* en cas de subvention de fonctionnement ou l'issue de l'activité subventionnée en cas de subvention affectée »[477].

Mais parce que l'autorité qui reçoit une demande de subvention, d'agrément ou de reconnaissance d'utilité publique a l'obligation de *refuser* une telle demande en cas de méconnaissance du contrat, ce dernier pourrait comme « sortir de son lit ». Autrement dit, il pourrait être utilisé pour justifier des situations sur lesquelles il n'a, *a priori*, aucune emprise. C'est l'exemple de l'« Académie de Boxe Citoyenne » de la ville de Dreux. Alors même que cette dernière n'avait pas encore souscrit au contrat d'engagement républicain, le maire a annoncé par voie de communiqué que le subventionnement de l'association ne serait pas renouvelé lors de la prochaine échéance. Le motif avancé par celui-ci :

---

[476] V. *supra* n° **70**.

[477] Décret n° 2021-1947 du 31 déc. 2021, art. 5, II.

« une alerte du préfet qui souligne que le seul animateur de fait et principal entraîneur, prend régulièrement des positions publiques contraires aux valeurs de la République »[478].

195. S'il n'est encore que rarement appliqué – les exemples précités recoupent presque toutes les fois où il a été appliqué ou envisagé de l'être à ce jour –, le contrat d'engagement républicain tend, ainsi conçu, à affaiblir la liberté d'association entendue au sens de « liberté-résistance »[479] ou de « liberté-moyen »[480], c'est-à-dire une liberté « instrument de la réalisation collective d'autres

[478] « La Ville annonce par communiqué qu'elle coupe les vivres à l'Académie de boxe citoyenne », *L'Echo Républicain*, 4 mars 2023 [consulté le 6 mars 2023]. Il pourrait nous être objecté qu'en vertu de l'article 62 de la Constitution, la réserve d'interprétation formulée par Conseil constitutionnel (selon laquelle seul un manquement aux engagements souscrits au titre du contrat commis entre la date à laquelle elle a été accordée et le terme de la période définie par l'autorité administrative est susceptible de justifier un retrait) s'impose à toutes les autorités administratives et juridictionnelles et que, partant, le CER ne saurait être opposable avant souscription. Mais l'ambiguïté résiste à cette objection. Dans l'hypothèse où un organisme méconnaît les principes républicains avant souscription, soit les autorités ne motiveraient pas le refus sur le fondement du CER (puisque la subvention n'est pas un droit) et donc l'acte de refus serait officiellement non-motivé mais officieusement motivé par un manquement au CER (il n'est donc pas officiellement opposable mais l'est officieusement) ; soit l'autorité accorderait une subvention pour la retirer immédiatement si le manquement est persistant ou systémique.

[479] SUDRE (F.) et *al.*, *Droit européen et international des droits de l'homme*, PUF, coll. « Droit fondamental », 14ème éd., 2019, p. 540 : « P. 540 : « On oublie en effet trop souvent que la liberté d'association est une authentique liberté-résistance, dont la vocation est de s'exercer sinon contre le pouvoir politique, du moins indépendamment de lui. En prendre conscience permettrait de comprendre que la faire dépendre tant soi peu de lui revient à la mutiler ».

[480] DUPRE DE BOULOIS (X.), *Droit des libertés fondamentales*, PUF, coll. « Thémis droit », 3ème éd., 2022, p. 423.

libertés, et en particulier les libertés d'opinion et de conscience »[481].

196. Il semble encore possible de pousser l'analyse plus avant. La présente démonstration peut effectivement contribuer à conforter l'idée, déjà évoquée[482], que le contrat d'engagement républicain serait un outil « directionnel ». Sollicitant une logique de responsabilisation, il « indiquerait une direction à suivre », aurait vocation à « orienter vers » un certain type de comportement. Conçu pour responsabiliser et ayant pour finalité de raffermir la cohésion nationale, la question se pose de savoir si sa mise en œuvre ne comporte pas des risques pour le pluralisme associatif.

§2. Un outil menaçant le pluralisme associatif

197. Evoquer le pluralisme associatif pose avant tout un problème de définition. Connue de la Cour européenne des droits de l'homme, la notion de pluralisme se retrouve plus rarement dans la législation et la jurisprudence nationales. Dès lors que l'on s'éloigne des terrains de l'éducation ou de la liberté de la presse et de l'audiovisuel pour réduire la focale au pluralisme associatif, les occurrences se font en effet plus rares. A l'occasion de deux référés-suspensions dirigés contre le décret précisant le contrat d'engagement républicain, le juge administratif a toutefois reconnu « l'intérêt public qui s'attache au maintien d'un pluralisme associatif »[483]. Il s'est

[481] *Ibid*.
[482] V. *supra* n° **115** et s.
[483] V. CE, ord., 4 mars 2022, *Ligue des droits de l'Homme et a.*, n° 462048 & CE, ord., 4 mars 2022, *Union syndicale Solidaires et a.*, n° 461961. Une brève recherche dans la base de données Légifrance pour les termes « pluralisme

cependant abstenu d'expliciter ce qu'il entendait par cette expression. Si elle ne semble faire aucune mention du pluralisme associatif[484], la Cour européenne des droits de l'homme, elle, fait toutefois le lien entre « la démocratie, le pluralisme et la liberté d'association »[485]. Mais là encore, la notion de « pluralisme » est difficile à cerner. En vérité, il semble que la notion ne puisse se définir autrement que par elle-même. La garantie du pluralisme ne paraît pas, en effet, renvoyer à autre chose qu'à la garantie d'une « diversité » : diversité des comportements, des idées et des « possibilité[s] qu'a l'individu de participer en groupe à la vie publique »[486]. C'est donc le lien qu'opère la Cour entre le pluralisme ainsi entendu et la liberté d'association, qui permettrait de résoudre la question de la définition du pluralisme *associatif*, dont il sera ici question. En admettant que le pluralisme soit noué à la liberté d'association, la Cour reconnaît *a minima* que les associations participent de la diversité des comportements, des idées et des moyens dont dispose tout un chacun de prendre part au débat public. Evoquer ici le pluralisme associatif, c'est donc d'abord traiter de la capacité des associations à accueillir cette diversité. C'est ensuite et

---

associatif » font d'ailleurs de ces ordonnances les deux seules occurrences de cette expression.

[484] Une brève recherche dans la base de données HUDOC pour les termes « pluralisme associatif » ne donne à ce jour aucun résultat.

[485] V. par ex. CEDH, 17 fév. 2004, *Gorzelik et a. c. Pologne*, n° 44158/98, § 88 et s. V. aussi TAJADURA TEJADA (J.), « La doctrine de la Cour européenne des droits de l'homme sur l'interdiction des partis politiques », *RFDC*, 2012/2, n° 90, p. 339 à 371, spéc. III & les concl. Domingo sur CE, 30 juin 2023, *Union syndicale solidaires*, préc.

[486] TAJADURA TEJADA (J.), « La doctrine de la Cour européenne des droits de l'homme sur l'interdiction des partis politiques », préc.

surtout, traiter de leur aptitude à participer elles-mêmes au débat public, sous quelque forme que ce soit[487].

198. Cette ébauche de définition servira à mettre en lumière les risques que le contrat d'engagement pourrait faire peser sur la capacité des associations à participer au débat et à être un lieu d'épanouissement de la liberté de conscience[488]. Dans cette perspective, trois points point de vue peuvent être adoptés. Le contrat d'engagement républicain peut en effet présenter le risque d'un appauvrissement matériel des associations, ce qui aurait pour effet une diminution des ressources à leur disposition pour accomplir leur objet social (**A**). Plus encore, les règles régissant ce dispositif peuvent à certains égards faire craindre que son utilisation débouche sur une dissolution administrative de l'organisme (**B**). Mais c'est surtout l'hypothèse d'un glissement des règles gouvernant le service public vers les règles gouvernant l'exercice des libertés associatives qui interroge (**C**).

A. Le risque d'un appauvrissement matériel

199. En raison du fait qu'elle constitue l'octroi d'un avantage matériel (financier ou en nature), c'est la subvention qui retient ici notre attention, plus que la reconnaissance d'utilité publique ou l'agrément. A travers les

[487] V. not. pour un point de vue sociologique LAVILLE (J.-L.), « Fait associatif et démocratie plurielle », *Les Politiques Sociales*, 2015/1, p. 9.

[488] Il n'est toutefois pas question, ici, de se faire un temps juge en soutenant que le contrat d'engagement républicain comporte en lui de tels risques d'atteintes au pluralisme associatif qu'il devrait entraîner une condamnation de la France par la Cour. Pour un point sur la question de la conventionnalité du dispositif, se reporter aux concl. Domingo sur CE, 30 juin 2023, *Union syndicale Solidaires*, préc.

obligations faites à l'administration de refuser ou retirer une subvention en cas de manquement aux principes républicains, le présent dispositif fait naturellement peser le risque d'un amoindrissement des ressources d'une association ou d'une fondation. On pourrait dire que c'est une remarque facile ou triviale et objecter que ce risque d'appauvrissement n'est pas à proprement parler le seul fait des dispositions relatives au contrat d'engagement républicain. En effet, d'une part, l'obtention d'une subvention n'est pas un droit pour l'organisme qui remplit les conditions soumises à son octroi et, d'autre part, elle demeure révocable dès lors que le bénéficiaire ne remplit plus ces mêmes conditions[489]. Ainsi l'acte de subvention est-il précaire par nature. D'abord, même si elle est facile, la remarque doit toutefois être faite et étayée : à l'élargissement des motifs susceptibles de justifier un refus ou un retrait, succède un plus grand risque, pour l'organisme, de se voir effectivement refuser ou retirer une subvention. Ensuite, et c'est sans doute plus intriguant, les dispositions relatives au contrat d'engagement républicain prévoient un mécanisme de signalement qui peut faire craindre le risque d'une succession de retraits de subventions.

200. Comme il a été indiqué[490], c'est la loi qui définit la notion de subvention. L'article 9-1 de la loi du 12 avril 2000 auquel la loi du 24 août 2021 renvoie, définit notamment la subvention comme étant des « contributions facultatives de toute nature »[491]. Il faut donc comprendre que la subvention n'est pas systématiquement constituée d'un avantage de nature pécuniaire. Peut être considérée comme une

---

[489] V. *supra* n° **71** et s.

[490] V. *supra* n° **68**.

[491] L. n° 2000-321 du 12 avril 2000, art. 9-1.

subvention l'occupation par une association de locaux appartenant à une personne publique ou à un organisme ayant la charge d'un service public industriel et commercial, pourvu que cette occupation soit mentionnée dans l'acte d'attribution[492]. La circulaire du 10 octobre 2022 précisant les modalités d'application du contrat d'engagement républicain confirme cette lecture[493], de même que le juge, malgré quelques hésitations[494]. Dans un litige qui concernait le contrat d'engagement républicain, le juge des référés du Conseil d'Etat semble en effet avoir vu une subvention dans l'autorisation d'occupation du domaine public à titre gratuit délivrée par une commune[495]. Ce constat invite donc à se départir d'une lecture trop rapide de la définition de subvention suivant laquelle elle ne recouvrerait que des contributions facultatives de nature pécuniaire. Si la notion de subvention entendue comme comprenant certaines occupations du domaine public à titre gratuit était amenée à prospérer, le contrat d'engagement républicain pourrait

---

[492] *JA*, n° 678, supplément au numéro du 1er mai 2023, p. 47 et s. et 69 et s. & DUTHEIL (P-H.) (dir.), *Droit des associations et des fondations*, *op. cit.*, étude n° 38.

[493] La circulaire opère ici une distinction. La simple mise à disposition d'un local, quand elle s'inscrit dans une logique d'égalité d'accès à des moyens collectifs qui s'impose à la commune en vertu de l'art. L. 2144-3 CGCT ne constitue pas une subvention. En revanche, lorsque que la mise à disposition constitue l'octroi d'un avantage (comprendre : lorsqu'elle figure dans l'acte d'attribution), elle est entendue comme une subvention régie par le CER. V. Circulaire du ministre de l'Intérieur et des Outre-mer du 10 oct. 2022 relative au contrat d'engagement républicain des associations et fondations bénéficiant de subventions publiques ou d'un agrément de l'Etat, p. 3 à 4 [circulaire publiée par le journal en ligne Mediapart].

[494] CALVES (G.), « Femme voilée sur une affiche : la laïcité de la République n'est pas en danger », *AJDA*, 2022, p. 1462.

[495] CE, ord., 10 mars 2022, *Commune de Chalon-sur-Saône*, n° 462140. Il s'agit ici de l'affaire du « Planning familial 71 », dont il a déjà été question (V. *supra* n° **86**).

avoir pour effet de priver les associations et fondations de lieux de réunion, en plus de réduire leurs ressources financières[496].

201. Le risque d'amoindrissement des ressources financières peut aussi résulter du mécanisme de signalement que le contrat d'engagement républicain instaure. L'article 12 de la loi du 24 août 2021 impose en effet que tout retrait d'une subvention pour manquement aux principes républicains fasse l'objet d'une communication au représentant de l'Etat, ainsi qu'éventuellement aux autorités qui subventionnent l'organisme visé par la mesure de retrait. Le risque pour les associations et fondations qui se voient retirer une subvention, est donc de se voir retirer *toutes* leurs subventions. Ces retraits en cascade peuvent déjà s'observer. L'association « Femmes sans frontières », subventionnée à hauteur de plusieurs dizaines de milliers d'euros chaque année, a subi successivement le retrait des subventions de l'Etat, de la Région des Hauts-de-France et du Département de l'Oise. Selon la presse, le classement sans suite de l'enquête pour abus de confiance dont elle a fait l'objet n'a pas inversé le cours des choses[497]. L'association serait aujourd'hui en difficulté financière, au point de ne plus pouvoir mener à bien ses activités. Seule la commune de

---

[496] En ce sens, v. le propos du député De Rugy : « J'entends certains dire : "Il suffira aux associations visées de ne pas demander de subvention. » Certes, mais cela limitera sérieusement leur capacité d'action" » (Ass. nat., XVe législature, session ordinaire de 2020-2021, séance du vendredi 05 février 2021, 1ère séance).

[497] « "Prosélytisme religieux" : une association asphyxiée par le poison de la rumeur », *Mediapart*, 23 fév. 2023 [consulté le 6 mars 2023].

Creil, en désaccord avec les autres autorités, a décidé de maintenir ses subventions[498].

202. Transmise au plus haut, c'est-à-dire jusqu'à l'administration ministérielle, l'information d'un manquement aux principes républicains pourrait potentiellement déboucher sur une dissolution administrative de l'organisme concerné. D'autant que les pouvoirs de l'administration en la matière ont été étendus par la loi confortant le respect des principes de la République.

B. Contrat d'engagement républicain et dissolution administrative

203. La circulaire du 10 octobre 2022 précisant les modalités d'application du contrat d'engagement républicain précise le mécanisme d'information des manquements aux engagements du contrat. Le ministre, s'adressant directement aux préfets, leur demande de le « tenir informé des décisions prises en cas de manquement »[499] au contrat d'engagement républicain. Un manquement constaté par une commune peut alors remonter toute une chaîne d'autorités et parvenir jusqu'au ministère de l'Intérieur. Ce dernier pourra prendre connaissance des raisons qui ont justifié le retrait de la subvention et, potentiellement, porter les faits à

---

[498] On retrouve donc ici la dimension conflictuelle du contrat d'engagement républicain, évoquée plus haut. V. *supra* n° **168** et s.

[499] Circulaire du ministre de l'Intérieur et des Outre-mer du 10 oct. 2022 relative au contrat d'engagement républicain des associations et fondations bénéficiant de subventions publiques ou d'un agrément de l'Etat, p. 2. [circulaire publiée par le journal en ligne Mediapart].

la connaissance du Conseil des ministres au cours duquel la dissolution par décret pourra être proposée[500].

204. Sévère, cette hypothèse n'est pas spécialement irréaliste, car la frontière entre les motifs susceptibles de justifier un retrait de subvention pour manquement aux principes républicains et les motifs susceptibles de justifier une dissolution peut à certains égards paraître poreuse. Pour ne prendre qu'un exemple, l'association qui méconnaît le premier engagement selon lequel elle doit s'abstenir de tout « troubles graves à l'ordre public » pourrait être dissoute en tant qu'elle a provoqué des « agissements violents à l'encontre des personnes ou des biens » susceptibles, aujourd'hui, de fonder une dissolution[501]. Dans le cas d'un retrait de subvention comme dans le cas d'une dissolution, c'est aussi la similarité des mécanismes permettant d'imputer à l'association le fait d'un de ses membres qui frappe.

L'article 5, I du décret du 31 décembre 2021 est ainsi rédigé :

> « L'association ou la fondation veille à ce que le contrat [d'engagement républicain] soit respecté par ses dirigeants, par ses salariés, par ses membres et par ses bénévoles. Sont imputables à l'association ou la fondation les manquements commis par ses dirigeants, ses salariés, ses membres ou ses bénévoles agissant en cette qualité, ainsi que tout autre manquement commis par eux et directement lié aux activités de l'association ou de la fondation, dès lors que ses organes dirigeants, bien

---

[500] Code de la sécurité intérieure, art. L. 212-1. V. Sur ce sujet, ROUILLER (C.), « Dissolution d'associations et de collectifs : les limites des pouvoirs gouvernementaux… et du contrôle du juge », *RDLF*, 2024, chron. n° 4 [en ligne].
[501] *Ibid.*, 1°.

qu'informés de ces agissements, se sont abstenus de prendre les mesures nécessaires pour les faire cesser, compte tenu des moyens dont ils disposaient ».

Le nouvel article L. 212-1-1 du Code de la sécurité intérieure dispose quant à lui que :

> « Pour l'application de l'article L. 212-1 (article précisant les motifs susceptibles de fonder une dissolution administrative de l'association), sont imputables à une association ou à un groupement de fait les agissements mentionnés au même article L. 212-1 commis par un ou plusieurs de leurs membres agissant en cette qualité ou directement liés aux activités de l'association ou du groupement, dès lors que leurs dirigeants, bien qu'informés de ces agissements, se sont abstenus de prendre les mesures nécessaires pour les faire cesser, compte tenu des moyens dont ils disposaient ».

205. Les lectures successives de ces deux articles laissent donc à penser que le fait d'un membre d'une association pourrait à la fois justifier le retrait d'une subvention et, une fois la chaîne d'information remontée, entraîner la dissolution administrative de l'association dont il fait partie. Cette analyse repose toutefois sur une interprétation sans doute trop rigide tant du contrat d'engagement républicain que des motifs pouvant justifier une dissolution administrative. Une dissolution administrative étant une mesure nettement plus sévère qu'un retrait de subvention, il est fort à parier que le juge sera plus exigeant sur les motifs à même de justifier une dissolution que sur les motifs à même de justifier un retrait de subvention[502]. L'hypothèse d'un

[502] Selon le Conseil d'Etat, les décrets prononçant dissolution administrative d'une association « sont des mesures de police administrative spéciale prises dans le but de donner aux pouvoirs publics le pouvoir de rétablir ou de

passage facilité entre le retrait d'une subvention et une dissolution prononcée en Conseil des ministres n'est toutefois pas à écarter. Plus qu'un appauvrissement matériel, le risque serait donc ici celui d'un appauvrissement du paysage associatif et de sa diversité en raison d'un recours facilité à la dissolution. Elle est facilitée par le mécanisme de remontée d'informations que le contrat d'engagement républicain met en œuvre, mais aussi par l'élargissement des motifs de dissolution[503]. Il demeure pour autant difficile d'anticiper les pratiques administratives et les solutions juridictionnelles, et donc de prédire la vérification de cette hypothèse.

206. Un autre risque d'atteinte au pluralisme associatif persiste. Sur un tout autre point, il pourrait résulter d'un glissement des règles régissant le service public vers les règles gouvernant les associations et les fondations reconnues d'utilité publique, agréées ou subventionnées.

---

maintenir l'ordre public. Il en résulte notamment que la dissolution ne peut être justifiée que par la nécessité de sauvegarder l'ordre public et doit répondre à un triple impératif de nécessité, d'adaptation et de proportionnalité » (CE, avis, 3 déc. 2020, n° 401549). V. sur ce point : RAMBAUD (R.), « La loi du 10 janvier 1936 sur les groupes de combat et milices privées (article L. 212-1 du Code la sécurité intérieure) : une arme de dissolution massive », *RDLF*, 2015, chron. n° 20 [en ligne]. Pour de rapides propos sur les exigences européennes, v. par ex. DAMAREY (S.), « Dissolution – L'exception administrative », *JA*, 2012, n° 457, p. 35 & l'analyse des dispositions de la loi du 24 août 2021 par Clément Rouillier : ROUILLIER (C.), « L'antifascisme au Conseil d'Etat », *AJDA*, 2022, p. 2350. V. plus largement sur cette question GUYOMAR (M.), « Peser. La recherche du juste équilibre », *in* AFDA (dir.), *Les méthodes en droit administratif*, Dalloz, coll. « Thèmes & Commentaires », 2018, p. 53.

[503] V. sur ce point : MORANGE (J.), « Les associations », *RFDA*, 2021, p. 824 & HENNETTE-VAUCHEZ (S.), « Lutte contre les séparatismes et liberté d'association », *Etudes*, 2022/9, p. 57.

C. Un glissement des règles applicables au service public vers les associations et les fondations ?

207. A la lecture des sept engagements, on peut être tenté de rechercher ce qui relèverait de règles classiquement applicables au service public et aux agents qui en ont la charge. S'essayer à cet exercice peut s'avérer fastidieux tant les énoncés peuvent faire écho à une multitude de règles[504]. Mais l'une d'entre elles peut toutefois retenir davantage l'attention que les autres et n'a d'ailleurs pas manqué d'interroger la doctrine. Il s'agit de la règle d'égalité, l'une « lois de Rolland »[505]. Pour être plus précis, c'est de l'égalité dans sa dimension « neutralité » dont il est ici question, et particulièrement dans son versant « neutralité religieuse ». Que cette règle, qui correspond en tout ou partie au principe de laïcité, cristallise l'attention, n'est pas sans lien avec l'objectif premier de la loi, à savoir lutter contre un séparatisme religieux[506]. Concrètement, la question qui se pose, c'est de savoir si les associations et fondations reconnues d'utilité publique, agréées ou subventionnées sont tenues à une obligation de neutralité religieuse. Si cette question se pose, c'est parce que le premier engagement

[504] BLANCHON (C.), « Le service public et les associations au secours de la République », *AJDA*, 2021, p. 2072.

[505] V. sur cette question, PLESSIX (B.), *Droit administratif général*, *op. cit.*, § 721 et s.

[506] Les obligations de neutralité religieuse pesant sur les agents publics ont pour l'occasion été entendues. Du moins sont-elles passées pour certaines d'une valeur jurisprudentielle à une valeur légale. V. sur ce point PAULIAT (H.) & DEFFIGIER (C.), « Le service public », *RFDA*, 2021 p. 816 & LECOQ-PUJADE (B.), « Élections / Élus - Loi confortant le respect des principes de la République : nouvelles réflexions sur l'applicabilité des principes de neutralité et de laïcité aux élus locaux », *JCP A*, 2021, n° 49, p. 2367.

emporte obligation de « ne pas remettre en cause le caractère laïque de la République ».

208. Cet énoncé a suscité l'émoi d'une partie de la doctrine. Le Professeur TOUZEIL-DIVINA a par exemple dénoncé une « confusion des espaces publics et privés », une laïcité « latitudinaire » parce qu'imposée à des « personnes privées qui n'incarnent pas la puissance publique »[507]. Le Conseil d'Etat quant à lui, dans son avis sur le projet de loi, avait pourtant rappelé que le principe de laïcité ne s'impose qu'aux agents publics et ne saurait donc figurer dans le contrat d'engagement républicain[508]. Tel n'a pas été le choix retenu par le législateur. L'interdiction faite aux organismes concernés de ne pas « remettre en cause » le caractère laïque de la République – outre les interprétations possibles de ces termes –, semble confirmer la thèse de Suzel RAMACIOTTI. Elle soutenait que la loi tendrait vers « l'imposition d'une *coloration laïque* aux associations »[509]. Il faut sans doute entendre par là que celles-ci ne seraient pas tenues à une stricte obligation de neutralité religieuse tel que pourrait l'être un agent public. Une telle interprétation pourrait en effet porter atteinte tant à la liberté de conscience de leurs membres qu'au droit qu'ils ont de se regrouper autour de sentiments religieux (c'est, par exemple, le cas des mouvements Scouts)[510]. L'idée d'une « coloration laïque »

---

[507] TOUZEIL-DIVINA (M.), « La "nouvelle" laïcité des associations : plus républicaine que la République et toujours plus latitudinaire », *AJCT*, 2021, p. 457. V. aussi le célèbre article du Professeur Rivero : RIVERO (J.), « La notion juridique de laïcité », *D.*, 1949, chron. p. 137.

[508] CE, avis, 3 déc. 2020, préc., p. 12.

[509] RAMACIOTTI (S.), *Laïcité et droit privé*, Dalloz, coll. « Nouvelle Bibliothèque de Thèses », vol. 220, 2022, § 454.

[510] Rapport n° 4239, fait au nom de la commission spéciale, chargée d'examiner le projet de loi confortant le respect des principes de la République et de lutte contre le séparatisme, Ass. nat., 9 juin 2021, p. 80. D'une manière générale,

renvoie donc plutôt à l'idée de ne pas utiliser la reconnaissance d'utilité publique, un agrément ou une subvention à des fins de prosélytisme[511].

209. Mais, si cette interprétation est effectivement celle qu'il convient de retenir, la tendance à l'extension de la laïcité vers les milieux privés est-elle uniquement le fait des dispositions relatives au contrat d'engagement républicain ? Sans doute y participeront-elles à sa manière : l'obligation faite aux collectivités publiques de refuser ou de retirer la reconnaissance d'utilité publique, un agrément ou une subvention appelle à une forme de vigilance de leur part. Peut-être y a-t-il même une forme de pression sur elles, dès lors que des enquêtes pénales ont pu être ouvertes pour détournement de fonds par négligence dans des cas où une subvention publique était utilisée à des fins prosélytes[512].

210. Pour autant, si glissement il y a de la laïcité de l'Etat vers les règles applicables aux organismes à but non lucratif, le contrat d'engagement républicain ne serait qu'un élément d'un vaste ensemble. D'abord, des règles lui préexistaient et avaient également pour but d'interdire la « remise en cause »

---

le principe de laïcité n'interdit pas l'octroi dans l'intérêt général et dans le respect de la légalité, de subventions au bénéfice d'organismes ayant des activités cultuelles ; ces subventions ne peuvent toutefois être accordées à une association qui, sans constituer une association cultuelle au sens de la loi de 1905, a des activités cultuelles, qu'en vue de la réalisation d'un projet qui n'a pas un caractère cultuel ou alors que ce projet présente un intérêt public local.

[511] Ce qui semble être en cohérence avec l'engagement n° 2 du contrat d'engagement républicain suivant lequel « L'association ou la fondation s'engage à respecter et protéger la liberté de conscience de ses membres et des tiers, notamment des bénéficiaires de ses services, et s'abstient de tout acte de prosélytisme abusif (…) ».

[512] « Roubaix : une association pour la jeunesse accusée de prosélytisme dans "Zone interdite", la préfecture confirme un arrêt des subventions », *Le Parisien*, 24 janv. 2022 [consulté le 24 mai 2023].

du caractère laïque de la République. Ainsi, les associations et fondations ont de longue date l'interdiction de reverser leurs subventions à d'autres personnes et donc, *a fortiori*, de les reverser à des fins prosélytes ou à des associations cultuelles[513]. Ensuite, en dehors même du cadre du contrat d'engagement républicain, la tendance juridictionnelle semble être à l'extension du principe de laïcité à des organismes privés[514]. Par exemple, la simple « coloration cultuelle » des activités menées par une association peut suffire à interdire son subventionnement[515]. C'est ainsi que la Caisse d'Allocations Familiales (établissement public administratif en charge d'un service public administratif), peut légalement décider de mettre fin au subventionnement d'une association proposant des activités de loisirs qui, sans être obligatoires ou par nature cultuelles, sont destinées « de manière privilégiée, à des membres appartenant à une religion en particulier »[516]. Provenant d'un arrêt remarqué rendu par la Cour administrative d'appel de Versailles, cette interprétation de la laïcité a fait l'objet d'une critique dans le

---

[513] Art. L. 1611-4 CGCT et art. 15 du décret-loi du 2 mai 1938. Une exception cependant : l'autorité qui verse la subvention peut en autoriser le reversement dans l'acte d'attribution.

[514] Pour ce qui est de la laïcité en droit des entreprises privées, v. RAMACIOTTI (S.), *Laïcité et droit privé*, *op. cit.*, § 458 et s. ; HENNETTE VAUCHEZ (S.), « Les nouvelles frontières de la laïcité : la conquête de l'Ouest ? », *Revue du droit des religions*, 2017, n° 4, p. 19 à 32 [en ligne] & Cass. Soc., 19 oct. 2022, n° 21-12.370.

[515] L'expression provient de KESSLER (D.), « La laïcité », *Pouvoirs*, 2002, n° 100, p. 35 à propos de l'arrêt CE, 9 oct. 1992, Commune de Saint-Louis, n° 94455.

[516] CAA Versailles, 17 janv. 2023, *Association Centre de loisirs ChnéOr*, n° 20VE02332.

sens d'une « conception extensive » et plus encore d'une « méconnaissance du principe »[517].

211. De leur capacité à encadrer davantage les libertés associatives et des risques qu'elles font peser sur le pluralisme associatif, il faut sans doute déduire que les dispositions relatives au contrat d'engagement républicain sont teintées d'une forme de dirigisme[518]. Au-delà de cette question du dirigisme, c'est aussi la question d'une utilisation « politique » du contrat qui se pose du point de vue des libertés associatives.

SECTION II : UN OUTIL POLITIQUE ?

212. Pour envisager le contrat d'engagement républicain comme un outil politique, une distinction est établie entre les usages politiques négatifs (**§1**), et les usages politiques positifs (**§2**). Il n'est point question ici de vilipender une utilisation ou d'en valoriser une autre. Il s'agit plutôt de mettre en lumière la façon dont le contrat d'engagement républicain pourrait être utilisé comme sanction politique (usage politique négatif) et, à l'inverse, la façon dont il pourrait être utilisé comme instrument de promotion politique (usage politique positif). D'un point de vue global, cette distinction entre usages politiques négatifs et positifs est animée par une même idée. Une formule, attribuée au

---

[517] GROSSHOLZ (C.), « Pourquoi condamner la ségrégation sexuelle lorsque l'on peut galvauder le principe de laïcité ? », *AJDA*, 2023, p. 727. V. aussi sur cette question, PINON (S.), « Laïcité, que d'erreurs on commet en ton nom ! », *Pouvoirs*, 2021, n° 177, p. 143 à 151.

[518] V. aussi récemment « Le contrat d'engagement républicain, outil de mise au pas du monde associatif », *Mediapart*, 16 mai 2024 [consulté le 18 mai 2024].

Professeur LE ROY, semble pouvoir la résumer sobrement : « le droit n'est pas tant ce qu'en disent les textes que ce qu'en font les acteurs »[519].

§1. Les usages politiques négatifs

213. Nombreux sont les auteurs et les acteurs qui ont vu dans le contrat d'engagement républicain un outil autorisant la sanction politique des associations et des fondations. La Professeure CALVES pointait ainsi du doigt un « risque inhérent au contrat d'engagement républicain : celui de la censure politique »[520]. La Professeure HENNETTE VAUCHEZ soulignait quant à elle que le dispositif comporte en lui le risque d'accroître « une tendance préoccupante de certaines autorités publiques à faire un usage punitif du refus ou du retrait de subventions publiques lorsque telle ou telle association développe un discours ou une activité qui apparaissent critiques ou non désirables »[521]. D'autres encore ont pu en parler comme d'un dispositif de « répression politique »[522].

---

[519] LE ROY (E.), cité par LAFOURCADE (M.), *Les droits de l'homme*, PUF, coll. « Que sais-je ? », 2018, p. 11.

[520] CALVES (G.), « Femme voilée sur une affiche : la laïcité de la République n'est pas en danger », *AJDA*, 2022, p. 1462.

[521] HENNETTE-VAUCHEZ (S.), « Lutte contre les séparatismes et liberté d'association », *Etudes*, 2022/9, p. 57 à 68. V. dans le même sens : « Ligue des droits de l'Homme : "Les financements du milieu associatif sont en péril" », *La Gazette des communes*, 2 mai 2023 [consulté le 17 mai 2023].

[522] « La répression de la désobéissance civile se généralise », *Mediapart*, 13 janv. 2023 [consulté le 16 janv. 2023]. V. aussi « Le Mouvement associatif appelle à abroger le contrat d'engagement républicain », *Mediapart*, 26 janv. 2023 [consulté le 1er fév. 2023] & « Il y a une volonté de contrôler les activités des associations », *L'Humanité*, 3 mai 2023, [consulté le 18 mai 2023]. V. aussi sur cette idée GIRAUD (T.), « Contrat d'engagement républicain – Refus de

214. Si les arguments avancés à l'appui de leurs propos sortent parfois du strict cadre du contrat d'engagement républicain, il semble toutefois possible de les répertorier en trois catégories. La première d'entre elles, déjà rencontrée, est sans doute la plus évidente. Elle recoupe les critiques qui vont dans le sens d'un dispositif trop permissif, en raison de la marge d'interprétation des principes contenus dans le contrat. En particulier, quatre principes retiennent l'attention. Celui par lequel les associations et fondations s'engagent à ne pas remettre en cause le caractère laïque de la République ; celui par lequel l'association ou la fondation s'engage à agir dans un esprit de fraternité et de civisme[523] ; celui par lequel l'organisme s'engage à ne pas provoquer à la haine ou à la violence envers quiconque et à ne pas *cautionner* de tels agissements[524] et, enfin, celui par lequel ces mêmes organismes s'engagent à n'entreprendre, ne soutenir, ni *cautionner* aucune action de nature à porter atteinte à la sauvegarde de la dignité de la personne humaine.

215. Les interprétations possibles de ces énoncés peuvent en effet être variées. La question de la dignité humaine en est un exemple topique, tant cette notion peut appeler des interprétations divergentes, dépendantes parfois de

---

subvention : des motifs politiques au détriment du droit », *JA*, 2024, n° 696, p. 11

[523] Eng. n° 5. De manière quelque peu tautologique, il faut sans doute voir dans un comportement portant atteinte à l'esprit de civisme, ce qui relèverait d'une « incivilité ». Dans sa thèse, Valentin Gazagne-Jammes s'essaie à une tentative de définition de ce que ce terme pourrait recouvrir. Trop longue pour être étayée ici, le lecteur est renvoyé à GAZAGNE-JAMMES (V.), *Les actes nuisibles à la vie en société. Etude sur les exigence de la vie en société à partir de l'article 5 de la Déclaration de 1789*, LGDJ, coll. « Bibliothèque constitutionnelle et de science politique », t. 160, p. 185 et s.

[524] V. sur cette idée, « Ligue des droits de l'Homme : "Les financements du milieu associatif sont en péril" », préc.

convictions politiques ou religieuses[525]. Sur cette question, la circulaire du 10 octobre 2022 n'apporte cependant que des précisions lacunaires. Quelques exemples qui permettraient de caractériser une atteinte à ce principe sont cependant avancés, notamment « la *promotion d'idées dégradantes* pour la dignité humaine, comme le fait de prôner l'excision des femmes », ou encore « la *promotion d'actions dégradantes* pour la dignité humaine, comme la promotion du lancer de nains »[526].

216. A cette première catégorie de critiques qui dénonce le caractère imprécis des énoncés et des principes du contrat d'engagement républicain, s'en ajoute une deuxième. Elle aussi déjà rencontrée[527], elle s'attaque à l'étendue du champ d'application du contrat d'engagement républicain. En plus d'une définition de la subvention suffisamment large pour permettre de comprendre des biens matériels autres que financiers, la charge de faire respecter le contrat d'engagement républicain est placée entre les mains d'une foule d'autorités qui, quand elles ne sont pas issues d'un scrutin politique, peuvent au moins avoir une coloration politique. Aux interprétations possibles des principes du

---

[525] La Professeure Hennette-Vauchez prend cet exemple et avance que : « Au sein de notre société, certains l'interprètent, et c'est parfaitement légitime au regard des libertés d'opinion et d'expression, comme justifiant l'interdiction de l'euthanasie, de la gestation pour autrui (GPA), du mariage entre personnes de même sexe ou de l'homoparentalité, voire du port du voile intégral ; tandis que d'autres, de manière tout aussi légitime, y voient au contraire un motif pour plaider la légalisation de ces pratiques » (HENNETTE-VAUCHEZ (S.), « Lutte contre les séparatismes et liberté d'association », préc.).

[526] Circulaire du ministre de l'Intérieur et des Outre-mer du 10 oct. 2022 relative au contrat d'engagement républicain des associations et fondations bénéficiant de subventions publiques ou d'un agrément de l'Etat, p. 14 [circulaire publiée par le journal en ligne Mediapart].

[527] V. not. *supra* n° **27**.

contrat d'engagement républicain pourraient donc s'inviter des convictions personnelles. C'est sans doute pour cette raison qu'une affiche illustrant une femme voilée parmi d'autres femmes est ici considérée comme un manquement manifeste au contrat d'engagement républicain justifiant que les subventions soient immédiatement retirées[528], alors qu'ailleurs, le fait que des femmes adhérentes d'une association se baignent en burkini ne justifie pas un retrait immédiat des subventions, mais un simple rappel à l'ordre[529].

217. Il existe une troisième et dernière catégorie de critiques qui va également dans le sens d'un dispositif autorisant un usage politique négatif. Elle porte sur la place accordée au juge. Ce dernier est en effet décrit comme étant en arrière-plan de l'utilisation du contrat d'engagement républicain et de l'interprétation de ses principes. Ce positionnement favoriserait donc des utilisations non-conformes du contrat d'engagement républicain, pour ne pas dire illégales. D'autant que, ainsi qu'il a été indiqué[530], les associations et fondations n'auraient pas systématiquement les moyens ou l'intérêt d'avoir recours au juge pour que ce dernier tranche la légalité du refus ou du retrait de subvention, d'agrément ou de reconnaissance d'utilité publique. En d'autres termes, le juge se trouverait ici dépossédé de l'interprétation de principes juridiques au profit des autorités chargées de faire respecter le contrat

---

[528] TA Dijon, ord., 4 mars 2022, n° 2200610 & CE, ord., 10 mars 2022, *Commune de Chalon-sur-Saône*, n° 462140.

[529] « Burkini : une association de Beaubreuil rappelée à l'ordre par la municipalité de Limoges », *Le Populaire du Centre*, 14 déc. 2022 [consulté le 18 mai 2023].

[530] V. *supra* n° **172**.

d'engagement républicain[531]. Sans véritablement remettre en cause la validité de cette critique, il convient toutefois de relever que la position juridictionnelle – que l'on pourrait dire en retrait –, demeure tout à fait classique : le juge est d'ordinaire l'arbitre des litiges qui naissent dans une relation donnée, davantage qu'un acteur de la relation.

218. Il y aurait donc une place pour un usage dévoyé du contrat d'engagement républicain : les principes énumérés sont susceptibles de plusieurs interprétations, il revient à des autorités politiques (pour la plupart) de les interpréter et le juge se trouve dans une position inconfortable pour connaître de la légalité de ces interprétations. Le dispositif étudié pourrait alors servir d'« opérateur d'illégitimité »[532]. L'association ou la fondation sanctionnée d'un retrait de subvention sur le fondement des dispositions relatives au contrat d'engagement républicain pourrait facilement être discréditée aux yeux des autorités, d'une part, mais aussi de l'opinion publique, d'autre part. Autrement dit, avec le contrat d'engagement républicain, il serait envisageable de nuire à la réputation de certains organismes[533].

---

[531] V. sur ce point : HCVA, avis concernant le projet de décret pris pour l'application de l'article 10-1 de la loi n° 2000-321 du 12 avril 2000 et approuvant le contrat d'engagement républicain des associations et fondations bénéficiant de subventions publiques ou d'un agrément de l'État, 3 déc. 2021 ; HCVA, avis concernant le projet de loi confortant les principes républicains, 2 déc. 2020 ; PFRUNDER (F.), « La subvention, outil de partenariat et de confiance », *JA*, 2021, n° 636, p. 18 & THOURY (C.), « Les libertés associatives sont-elles remises en question ? », *JA*, 2021, n° 650, p. 18.

[532] POLICAR (A.), « De la communauté au communautarisme ? », *Raison présente*, 2006, n° 159, p. 81.

[533] Sans doute que l'épisode au cours duquel le ministre de l'Intérieur menaçait de remettre en cause le subventionnement de la Ligue des droits de l'Homme peut en attester. L'association a en effet vu renaître un débat sur sa proximité ou non avec l'islam radical. V. par ex. : « "Ambiguïtés avec l'islamisme

219. Cet usage ne représente toutefois qu'une partie de l'utilisation politique qui pourrait être faite du contrat d'engagement républicain. A l'usage qualifié ici de « négatif » s'ajoute un autre, qualifié de « positif ».

§2. Les usages politiques positifs

220. Le contrat d'engagement républicain pourrait bien avoir d'autres effets. Ils sont ici désignés comme positifs puisqu'ils visent moins à sanctionner qu'à promouvoir, c'est-à-dire à valoriser des activités associatives perçues comme conformes aux engagements républicains. D'abord, le dispositif étudié pourrait inciter les collectivités publiques à diriger l'essentiel de leurs subventionnements vers des associations ou fondations dont les activités sont peu clivantes ou en apparence plutôt respectueuses des principes républicains. Ainsi, ces associations et fondations « consensuelles » auraient vocation à capter la majeure partie des financements publics. Ce serait là le résultat de la vigilance induite par le dispositif : par le jeu des obligations faites aux collectivités de refuser ou de retirer une subvention, elles seraient incitées, sous le regard du représentant de l'Etat, à davantage de retenue dans leurs subventionnements.

---

radical" : ce que cachent les attaques d'Elisabeth Borne visant la LDH », *Le Huffington Post*, 13 avril 2023 [consulté le 29 mai 2023] ; « Manuel Valls soutient Gérald Darmanin contre la Ligue des Droits de l'Homme », *Le Figaro*, 13 avril 2023 [consulté le 29 mai 2023]. Et plus largement, cet épisode a ouvert un débat plus large sur les combats menés par l'association. V. par ex. « Sainte-Soline, CCIF, voile : que reproche le gouvernement à la Ligue des droits de l'Homme ? », *Marianne*, 14 avril 2023 [en ligne, consulté le 29 mai 2023].

221. Loin d'une simple pratique qui pourrait se dessiner à l'avenir, l'usage politique positif du contrat d'engagement républicain est en réalité déjà inscrit dans le droit. Selon la loi du 24 août 2021, les fédérations sportives agréées – qui ont la charge d'une mission de service public[534] – ont en effet l'obligation « de participer à la promotion et à la diffusion, auprès des acteurs et publics de leur discipline sportive, des principes du contrat d'engagement républicain »[535]. Les fédérations délégataires[536] doivent quant à elles élaborer, dans le cadre des orientations fixées par le ministre chargé des sports, « une stratégie nationale (…) visant à promouvoir les principes du contrat d'engagement républicain (…) qu'elles mettent en œuvre dans l'exercice de leurs prérogatives et missions (…) »[537]. Cette obligation s'ajoute donc à la prescription qui leur est faite – comme à toute association soumise au contrat – de veiller au respect des engagements par ses membres, c'est-à-dire, par les autres associations qui composent la fédération[538].

223. D'autres éléments laissent encore entendre que le contrat d'engagement pourrait devenir un levier promotionnel des principes qu'il contient – qui peuvent par ailleurs être rapidement modifiés par décret[539]. L'article 14 de la loi confortant le respect des principes de la République,

---

[534] Code du sport, art. L. 131-8.
[535] L. n° 2021-1109 du 24 août 2021, art. 63.
[536] Code du sport, art. L. 131-14 et s.
[537] L. n° 2021-1109 du 24 août 2021, art. 63.
[538] V. sur ce point, TOUZEIL-DIVINA (M.), « La "nouvelle" laïcité des associations : plus républicaine que la République et toujours plus latitudinaire », préc., *in fine*.
[539] La loi ne semble pas fermer la porte à une modification par décret (V. art. 12, L. du 24 août 2021). D'autant que le décret est déjà beaucoup plus prolixe que la loi sur le détail des principes. V. spéc. *supra* n° **19** et s.

envisageant la création d'un fonds intitulé « Promesse républicaine », en fournit un très bon exemple :

> « Le Gouvernement remet au Parlement, dans un délai de six mois à compter de la promulgation de la présente loi, un rapport analysant les possibilités de créer un fonds de soutien aux associations et aux collectivités territoriales promouvant les principes contenus dans le contrat d'engagement républicain, baptisé « Promesse républicaine », sur le modèle du fonds de développement de la vie associative ».

Le rapport dont il est ici question ne semble toutefois pas encore avoir été remis au Parlement[540]. Cette prescription contribue tout de même à faire naître l'hypothèse que le contrat d'engagement républicain n'est pas fondamentalement une fin en soi et qu'une diversité de fonctions peuvent lui être assignées.

224. Il est enfin d'autres usages, plus anecdotiques mais non moins révélateurs, qui peuvent permettre de saisir cette diversité de fonctions. Ainsi par exemple la commune de Châlons-sur-Saône a-t-elle décidé de la création d'un kiosque sur un quai « afin de pouvoir compléter l'espace de promenade par une offre de petite restauration sur place ou à emporter »[541]. A cette occasion, le conseil municipal a pris une délibération portant sur « l'obligation des commerçants à respecter un contrat d'engagement républicain »[542]. Certes, si tant est qu'il s'agisse ici du contrat tel que prévu par la loi

---

[540] A l'heure où ces lignes sont écrites, il ne semble y avoir aucune trace de ce rapport sur les services de diffusion du Parlement et du Gouvernement, et encore moins de la création de ce fonds.

[541] « Quai Gambetta : le kiosque crée la polémique », *Le Journal de Saône et Loire*, 15 déc. 2022 [consulté le 29 mai 2023].

[542] *Ibid*.

du 24 août 2021 et le décret 31 décembre 2021, il y a là un dévoiement du dispositif. Ce dernier n'est en effet pas censé concerner des commerçants, mais des organismes à but non lucratif. Néanmoins, cette reprise montre que l'accessibilité du contrat d'engagement républicain facilite sa diffusion et son extension à d'autres champs que celui pour lequel il a été conçu.

CONCLUSION DU CHAPITRE II

225. Les dispositions relatives au contrat d'engagement républicain semblent mettre les libertés associatives au défi, et cela de deux façons au moins. D'abord, parce qu'il implique un dirigisme qui se dissimule plutôt mal. Il permet en ce sens d'assurer une nouvelle forme d'encadrement des activités associatives. Il apparaît tout à fait propice à restreindre le financement des activités incitant à la désobéissance civile et celles qui sont perçues comme relevant du prosélytisme religieux, et donc, pourquoi pas, leur existence. Sa mise en œuvre pourrait aussi, à terme, porter atteinte au pluralisme associatif. En premier lieu parce qu'elle présente le risque d'appauvrir matériellement les associations et les fondations. En deuxième lieu, parce qu'elle pourrait faciliter la remontée d'informations aux organes centraux compétents pour dissoudre administrativement de tels organismes. En dernier lieu parce qu'il semble mettre en lumière un glissement de certaines règles applicables au service public, vers les règles applicables aux associations et fondations. Ces dernières pourraient notamment être conduites, par l'épreuve du temps, à se revêtir d'une coloration laïque.

226. Les dispositions relatives au contrat d'engagement républicain mettent également au défi les libertés associatives en ce qu'elles laissent une place une utilisation politique du dispositif. En d'autres termes, sa mise en œuvre pourrait bien dépendre de convictions personnelles, par définition variables d'un individu à l'autre. Cette utilisation politique pourrait être négative – dans ce cas, elle aurait pour but essentiel de sanctionner une association ou une fondation –, ou bien positive – dans ce cas, elle aurait pour but essentiel de valoriser des activités consensuelles. Cette dernière perspective se traduit aussi dans la législation par l'obligation faite aux fédérations sportives agréées et délégataires de promouvoir les principes contenus dans le contrat d'engagement républicain. De même, le fait que le législateur ait envisagé la création d'un fonds pour les associations promouvant ces principes appuie cette idée d'un dispositif promotionnel pour la République.

CONCLUSION DE LA PARTIE II

228. Cette Seconde Partie aura donc démontré que l'instauration du contrat d'engagement républicain a été animée par une finalité : raffermir la cohésion nationale. C'est dans la poursuite de cet objectif qu'il est possible de rattacher ce dispositif à la théorie du « militantisme démocratique » ou, ainsi qu'il a été proposé, à un « militantisme républicain » s'appuyant sur des principes phares de la République française. Autour de ceux-ci, le dispositif cherche à fédérer, à faire bloc, voire à définir des exigences minimales de la vie en société. Néanmoins, toujours dans la poursuite de cet objectif, on peut déceler dans le contrat d'engagement républicain des éléments qui sont susceptibles d'entraver la concrétisation de l'objectif poursuivi. D'abord parce qu'il ne semble pas vraiment possible de s'assurer de l'adhésion de tous aux principes républicains. Ensuite, parce que le contrat contient en lui un potentiel conflictuel. Celui-ci réside essentiellement dans le fait que les sept engagements peuvent être interprétés tout à fait différemment en fonction des lieux, des convictions personnelles et des activités associatives en question. En d'autres termes, il pourrait être une pomme de discorde.

229. Cette seconde partie aura également démontré que le contrat d'engagement républicain peut mettre les libertés associatives au défi, précisément parce qu'il risque de réduire leur marge de manœuvre : il semble en effet être un outil d'encadrement des libertés associatives. Aussi pourrait-il conduire, sur le long terme, à ce que le pluralisme associatif s'affadisse. De surcroît, la porte n'est pas fermée à qui voudrait l'utiliser en fonction de considérations politiques.

230. Le contrat d'engagement républicain, dans l'objectif qui lui a été assigné de protéger la République – sinon le sentiment républicain –, renferme donc en lui une dimension restrictive. Ce faisant, toute proportion gardée, il tend à accréditer l'idée que « protéger la démocratie d'elle-même requiert paradoxalement d'en limiter deux composantes constitutives : le relativisme ou pluralisme politique et le libre choix des citoyens »[543].

[543] GAILLET (A.) et *al.*, *Droits constitutionnels français et allemand. Perspective comparée*, LGDJ, coll. « Manuel », 2019, p. 110.

CONCLUSION GENERALE

231. La présente étude aura donc tenté de prolonger l'analyse d'un dispositif juridique largement décrié mais souvent de manière hâtive. Non pas que tous les contradicteurs avaient tort – il n'a point été question de se faire arbitre – mais, pour beaucoup d'entre eux, la critique du contrat d'engagement républicain était peu étayée et se bornait à dénoncer un dispositif aspirant à un plus grand contrôle du milieu associatif. C'est d'ailleurs la raison pour laquelle les développements ont fréquemment conduit à ce que les arguments des uns et des autres figurent dans le corps de l'analyse comme autant de points de départ à partir desquels raisonner. Ainsi, alors que le dispositif fut parfois présenté comme inutile ou comme ne constituant qu'un rappel d'obligations de natures légale, conventionnelle ou constitutionnelle, il a été souligné que cette critique pouvait à certains égards paraître infondée. Malgré, il est vrai, un certain nombre de redondances, le contrat d'engagement républicain ajoute au droit et, en ce sens, n'est pas que superflu. En revanche, conformément au sens général des critiques formulées à son encontre, le dispositif étudié implique bien une dimension restrictive pour les libertés associatives. Au moins fait-il peser un risque. Ces libertés ne sont toutefois encadrées que par ricochet aux obligations faites aux administrations de refuser ou retirer la reconnaissance d'utilité publique, un agrément ou une subvention. La restriction est comme indirecte : elle résulte d'abord d'une réduction de la marge de manœuvre des administrations, qui, dans un second temps, est amenée à se répercuter sur les associations et les fondations. Ce faisant, l'essentiel du mécanisme militant repose sur les administrations. Le législateur prend ainsi le risque de faire naître des interprétations éparses et concurrentes. Cette situation pourrait être amenée à prospérer, dans la mesure où les associations et les fondations n'ont pas toujours un grand intérêt à agir en justice, quand ce ne sont pas les moyens qui leur manquent. Le rôle unificateur traditionnellement dévolu à la jurisprudence pourrait alors se trouver dans une situation inconfortable. Cette dernière considération laisse d'ailleurs à penser que les pouvoirs publics ont précisément misé sur le fossé qui peut séparer le droit tel qu'interprété par ceux qui ont la charge d'en faire une première application, et le droit tel qu'interprété par le juge. Et c'est ici que l'examen attentif du contrat d'engagement républicain rencontre un obstacle. Récent, il n'a pas encore fait l'objet d'une utilisation suffisante pour qu'il soit permis d'apprécier concrètement l'étendue de ses potentialités. Il s'avère donc difficile d'anticiper les utilisations qui peuvent en être faites, de même qu'il s'avère hasardeux de s'essayer à prédire les interprétations que le juge en fera. Sans doute est-ce ici la véritable originalité du contrat d'engagement républicain. Davantage que son habillage contractuel ou du républicanisme militant dont il dénote, c'est ce qu'il permet ou n'interdit pas de faire qui semble le caractériser et devoir retenir l'attention.

231. Qu'il nous soit permis d'insister sur un dernier point. Nous émettons l'hypothèse (sinon le pari) que le modèle du contrat d'engagement républicain a vocation à prospérer. Il y a fort à parier, en effet, que sa vocation est d'être transposé à d'autres domaines juridiques, et surtout à des domaines qui, souvent, sont au cœur d'un débat public aussi intense que sensible. Le lecteur attentif de la récente *loi* *pour contrôler l'immigration, améliorer l'intégration* ne pourra que souscrire à ce propos[544]. A l'article 46 de celle-ci se trouve instauré un « contrat d'engagement au respect des principes de la République » qui reprend en substance la logique et les termes de la loi du 24 août 2021 *confortant le respect des principes de la République* ainsi que les intitulés de sept principes contenus dans son décret d'application.

> « L'étranger qui sollicite un document de séjour s'engage, par la souscription d'un contrat d'engagement au respect des principes de la République, à respecter la liberté personnelle, la liberté d'expression et de conscience, l'égalité entre les femmes et les hommes, la dignité de la personne humaine, la devise et les symboles de la République au sens de l'article 2 de la Constitution, l'intégrité territoriale, définie par les frontières nationales, et à ne pas se prévaloir de ses croyances ou de ses convictions pour s'affranchir des règles communes régissant les relations entre les services publics et les particuliers »[545].

La logique est identique : à l'engagement pris par l'étranger de respecter lesdits principes, répondent des conséquences en cas de manquement. Ainsi, « aucun document de séjour ne peut être délivré à un étranger qui refuse de souscrire le (sic) contrat d'engagement au respect des principes de la République ou dont le comportement manifeste qu'il n'en respecte pas les obligations »[546].

Paris, le 13 mai 2024.

---

[544] L. n° 2024-42 du 26 janv. 2024. V. TURPIN (D.), *RFDA*, 2024, p. 311.

[545] Un décret pris en Conseil d'Etat devra préciser cette disposition.

[546] L. 2024-42, art. 46. V. Cons. const. déc. n° 2023-863 DC du 25 janv. 2024, spéc. 148 et s. pour la déclaration de conformité à la Constitution.

Annexe au décret n° 2021-1947 du 31 décembre 2021

CONTRAT D'ENGAGEMENT RÉPUBLICAIN DES ASSOCIATIONS ET FONDATIONS BÉNÉFICIANT DE SUBVENTIONS PUBLIQUES OU D'UN AGREMENT DE L'ÉTAT

L'importance des associations et des fondations dans la vie de la Nation et leur contribution à l'intérêt général justifient que les autorités administratives décident de leur apporter un soutien financier ou matériel. Il en va de même pour les fédérations sportives et les ligues professionnelles. L'administration, qui doit elle-même rendre des comptes aux citoyens, justifier du bon usage des deniers publics et de la reconnaissance qu'elle peut attribuer, est fondée à s'assurer que les organismes bénéficiaires de subventions publiques ou d'un agrément respectent le pacte républicain.

A cette fin la loi n° 2021-1109 du 24 août 2021 confortant le respect des principes de la République a institué le contrat d'engagement républicain.

Conformément aux dispositions des articles 10-1 et 25-1 de la loi n° 2000-321 du 12 avril 2000 relative aux droits des citoyens dans leurs relations avec les administrations, le présent contrat a pour objet de préciser les engagements que prend toute association ou fondation qui sollicite une subvention publique ou un agrément de l'Etat. Ainsi, l'association ou la fondation « s'engage (...) à respecter les principes de liberté, d'égalité, de fraternité et de dignité de la personne humaine ainsi que les symboles de la République (...) », « à ne pas remettre en cause le caractère laïque de la

République » et « à s'abstenir de toute action portant atteinte à l'ordre public ».

Ces engagements sont souscrits dans le respect des libertés constitutionnellement reconnues, notamment la liberté d'association et la liberté d'expression dont découlent la liberté de se réunir, de manifester et de création.

ENGAGEMENT N° 1 : RESPECT DES LOIS DE LA RÉPUBLIQUE

Le respect des lois de la République s'impose aux associations et aux fondations, qui ne doivent entreprendre ni inciter à aucune action manifestement contraire à la loi, violente ou susceptible d'entraîner des troubles graves à l'ordre public.

L'association ou la fondation bénéficiaire s'engage à ne pas se prévaloir de convictions politiques, philosophiques ou religieuses pour s'affranchir des règles communes régissant ses relations avec les collectivités publiques.

Elle s'engage notamment à ne pas remettre en cause le caractère laïque de la République.

ENGAGEMENT N° 2 : LIBERTÉ DE CONSCIENCE

L'association ou la fondation s'engage à respecter et protéger la liberté de conscience de ses membres et des tiers, notamment des bénéficiaires de ses services, et s'abstient de tout acte de prosélytisme abusif exercé notamment sous la contrainte, la menace ou la pression.

Cet engagement ne fait pas obstacle à ce que les associations ou fondations dont l'objet est fondé sur des convictions, notamment religieuses, requièrent de leurs membres une adhésion loyale à l'égard des valeurs ou des croyances de l'organisation.

ENGAGEMENT N° 3 : LIBERTÉ DES MEMBRES DE L'ASSOCIATION

L'association s'engage à respecter la liberté de ses membres de s'en retirer dans les conditions prévues à l'article 4 de la loi du 1er juillet 1901 et leur droit de ne pas en être arbitrairement exclu.

ENGAGEMENT N° 4 : ÉGALITÉ ET NON-DISCRIMINATION

L'association ou la fondation s'engage à respecter l'égalité de tous devant la loi.

Elle s'engage, dans son fonctionnement interne comme dans ses rapports avec les tiers, à ne pas opérer de différences de traitement fondées sur le sexe, l'orientation sexuelle, l'identité de genre, l'appartenance réelle ou supposée à une ethnie, une Nation, une prétendue race ou une religion déterminée qui ne reposeraient pas sur une différence de situation objective en rapport avec l'objet statutaire licite qu'elle poursuit, ni cautionner ou encourager de telles discriminations.

Elle prend les mesures, compte tenu des moyens dont elle dispose, permettant de lutter contre toute forme de violence à caractère sexuel ou sexiste.

ENGAGEMENT N° 5 : FRATERNITÉ ET PREVENTION DE LA VIOLENCE

L'association ou la fondation s'engage à agir dans un esprit de fraternité et de civisme.

Dans son activité, dans son fonctionnement interne comme dans ses rapports avec les tiers, l'association s'engage à ne pas provoquer à la haine ou à la violence envers quiconque et à ne pas cautionner de tels agissements. Elle s'engage à rejeter toutes formes de racisme et d'antisémitisme.

ENGAGEMENT N° 6 : RESPECT DE LA DIGNITÉ DE LA PERSONNE HUMAINE

L'association ou la fondation s'engage à n'entreprendre, ne soutenir, ni cautionner aucune action de nature à porter atteinte à la sauvegarde de la dignité de la personne humaine.

Elle s'engage à respecter les lois et règlements en vigueur destinés à protéger la santé et l'intégrité physique et psychique de ses membres et des bénéficiaires de ses services et ses activités, et à ne pas mettre en danger la vie d'autrui par ses agissements ou sa négligence.

Elle s'engage à ne pas créer, maintenir ou exploiter la vulnérabilité psychologique ou physique de ses membres et des personnes qui participent à ses activités à quelque titre que ce soit, notamment des personnes en situation de handicap, que ce soit par des pressions ou des tentatives d'endoctrinement.

Elle s'engage en particulier à n'entreprendre aucune action de nature à compromettre le développement physique, affectif, intellectuel et social des mineurs, ainsi que leur santé et leur sécurité.

ENGAGEMENT N° 7 : RESPECT DES SYMBOLES DE LA RÉPUBLIQUE

L'association s'engage à respecter le drapeau tricolore, l'hymne national, et la devise de la République.

BIBLIOGRAPHIE

I. OUVRAGES GENERAUX

CHEVALLIER (J.), *Science administrative*, PUF, coll. « Thémis droit », 6ème éd., 2019, 613 p.

CHRETIEN (P.) et *al.*, *Droit administratif*, Sirey, coll. « Sirey Université », 17ème éd., 2020, 946 p.

DUFFAR (J.) & ROBERT (J.), *Droits de l'homme et des libertés fondamentales*, LGDJ, 8ème éd., 2009, 908 p.

DUPRE DE BOULOIS (X.), *Droit des libertés fondamentales*, PUF, coll. « Thémis droit », 4ème éd., 2024, 616 p.

FAVOREU (L.) et *al.*, *Droit des libertés fondamentales*, Dalloz, coll. « Précis », 8ème éd., 2021, 937 p.

HENNETTE VAUCHEZ (S.) & ROMAN (D.), *Droit de l'homme et des libertés fondamentales*, Dalloz, coll. « HyperCours », 5ème éd., 2022, 834 p.

LEBRETON (G.), *Libertés publiques et droit de l'Homme*, Sirey, coll. « Sirey Université », 8ème éd., 2009, 580 p.

PLESSIX (B.), *Droit administratif général*, LexisNexis, coll. « Manuel », 4ème éd., 2022, 1788 p.

SUDRE (F.) et *al.*, *Droit européen et international des droits de l'homme*, PUF, coll. « Droit fondamental », 16ème éd., 2023, 1036 p.

WACHSMANN (P.), *Libertés publiques*, Dalloz, coll. « Cours », 9ème éd., 2021, 1056 p.

II. MONOGRAPHIES

ANDRIEU (C.) et *al.* (dir.), *Associations et champ politique*, Publications de la Sorbonne, 2001, 720 p.

AUSTIN (J. L.), *How to do Things with Words*, 1962 [réed. Fr. *Quand dire, c'est faire*, Seuil, coll. « Points essais », 1991, 208 p.]

BASDEVANT-GAUDEMET (B.) (dir.), *Contrat ou Institution : un enjeu de société*, LGDJ, coll. « Systèmes », 2004, 190 p.

BOULOUIS (J.), *Essai sur la politique des subventions administratives*, Armand Colin, coll. « Cah. Fondation Nationale des sc. pol. », vol. 21, 1951, 334 p.

CHASSAGNARD-PINET (S.) & HIEZ (D.) (dir.), *Approche critique de la contractualisation*, LGDJ, coll. « Droit et Société. Recherches et Travaux », 2007, 222 p.

CHASSAGNARD-PINET (S.) & HIEZ (D.) (dir.), *Approche renouvelée de la contractualisation*, Presses universitaires d'Aix-Marseille, 2007, 176 p.

CHASSAGNARD-PINET (S.) & HIEZ (D.) (dir.), *La contractualisation de la production normative*, Dalloz, coll. « Thèmes & commentaires », 2008, 352 p.

Conseil National de la Vie Associative (CNVA), *Le CNVA au service de la liberté d'association*, La documentation française, 2001, 169 p.

DOUCIN (M.) (dir.), *Guide de la liberté associative dans le monde. 183 législations analysées*, La documentation française, 2007, 791 p.

DUTHEIL (P.-H.) (dir.), *Droit des associations et fondations*, Dalloz-Juris éd., coll. « Juris Corpus », 2016, 1640 p. [ouvrage régulièrement actualisé par voie numérique]

FONSECA (D.) (dir.), *Logiques des législations antiterroristes. Entre reconfiguration et défiguration du droit ?*, Institut Francophone pour la Justice et la Démocratie, coll. « Colloques & Essais », t. 133, 2021, 216 p.

GABORIAUX (C.), *L'intérêt général en partage. La reconnaissance d'utilité publique des associations en République (1870-1914)*, Presses de Sciences Po, 2023, 386 p.

GAILLET (A.) et *al.*, *Droits constitutionnels français et allemand. Perspective comparée*, LGDJ, coll. « Manuel », 2019, 528 p.

HAMELIN (J.-F.) (dir.), *Le financement dans tous ses états*, Juris éditions-Dalloz, *JA* Hors-série, 2021, 194 p.

JOBARD (J.-B.), *Une histoire des libertés associatives*, éd. Charles Léopold Mayer, 2022, 160 p.

RENAUD (J.-M.) & LE CORNEC (C.), *Les subventions des collectivités locales aux associations. Droit et transparence*, Ed. Dexia-Imprimerie nationale, coll. « Action locale », 2ème éd., 2001, 235 p.

MACQUERON (P.) et *al.*, *Associations. Fondations – Congrégations – Fonds de dotation*, Francis Lefebvre, coll. « Mémento Pratique », 2021, 1778 p.
MORANGE (J.), *La laïcité de la République : garantie ou menaces pour les libertés ?*, LGDJ, coll. « Forum », 2023, 275 p.
MORANGE (J.), *La liberté d'association en droit public français*, PUF, coll. « Publications de la Faculté de Droit et des Sciences Economiques de Limoges », 1977, 274 p.
NOURRISSON (P.), *Histoire de la liberté d'association en France depuis 1789*, Librairie de la société du recueil Sirey, t. 1, 1920, 360 p., t. 2, 1920, 394 p.
SAJO (A.) (dir.), *Militant democracy*, Eleven International Publishing, 2004, 262 p.
SERIAUX (A.), *Le droit comme langage*, LexisNexis, 2020, 86 p.

III. ENCYCLOPEDIES & REPERTOIRES

HIEZ (D.), « Association – Personnalité morale de l'association », *in Répertoire de droit* civil, Dalloz, 2016 (actualisation déc. 2019)
LATINA (M.), « Contrat : généralités », *in Répertoire de droit civil*, Dalloz, 2017 (actualisation nov. 2021)
MAYAUD (Y.) (dir.), *Le Lamy associations*, Lamyline, 1989 [régulièrement actualisé par voie numérique]

IV. THESES

BLANCHON (C.), *Recherche sur la subvention. Contribution à l'étude du don en droit public*, LGDJ, coll. « Bibliothèque de droit public », t. 307, 2019, 386 p.
D'ANGELA (G.), *L'acte de subvention en droit public*, 2010, Thèse, Université Paris I Panthéon-Sorbonne, Cujas, 677 p.
GALLO (C.), *La décision conditionnelle en droit administratif français*, Dalloz, coll. « Nouvelle Bibliothèque de Thèses », vol. 184, 2019, 494 p.
GARRIGOU-LAGRANGE (J.-M.), *Recherches sur les rapports des associations avec les pouvoirs publics*, LGDJ, coll. « Bibliothèque de droit public », 1970, 378 p.

GAZAGNE-JAMMES (V.), *Les actes nuisibles à la vie en société. Etude sur les exigences de la vie en société à partir de l'article 5 de la déclaration de 1789*, LGDJ, coll. « Bibliothèque constitutionnelle et de science politique », t. 160, 2022, 400 p.
GUYONNET (J.-B.), *Les réitérations de norme. Essai de conceptualisation à partir du contentieux administratif français*, Dalloz, coll. « Nouvelle Bibliothèque de Thèses », vol. 234, 2024, 720 p.
LAMOUROUX (G.), *Les subventions aux entreprises privées. Contribution à l'analyse civile et fiscale de l'acte neutre*, LGDJ, coll. « Bibliothèque de droit privé », t. 630, 2023, 682 p.
LE BRUN (A.), *Les décisions créatrices de droits*, Dalloz, coll. « Nouvelle Bibliothèque de Thèses », vol. 223, 2023, 944 p.
MERLET (J.-F.), *Une grande loi de la Troisième République : La loi du 1er juillet 1901*, LGDJ, coll. « Bibliothèque de droit public », t. 217, 2001, 752 p.
RAMACIOTTI (S.), *Laïcité et droit privé*, Dalloz, coll. « Nouvelle Bibliothèque de Thèses », vol. 220, 2022, 491 p.
SEMON (G.), *Le contrôle du fonctionnement des associations de la loi du 1er juillet 1901*, 2001, Thèse, Université Paris I Panthéon-Sorbonne, Cujas, 2 tomes, 447 p.

V. DICTIONNAIRES

ALLAND (D.) & RIALS (S.) (dir.), *Dictionnaire de la culture juridique*, PUF-Lamy, coll. « Quadrige - Dicos Poche », 2003, 1696 p.
RAYNAUD (P.) & RIALS (S.) (dir.), *Dictionnaire de la philosophie politique*, PUF, 2ème éd., 1998, 776 p.
CORNU (G.) (dir.), *Vocabulaire juridique*, PUF, coll. « Quadrige – Dicos Poche », 15ème éd., 2024, 1112 p.

VI. ARTICLES

ALIX (J.), « La répression convoquée au soutien des principes de la République », *Revue du droit des religions*, 2022, n° 13, p. 131 [en ligne]
ANDRIANTSIMBAZOVINA (J.), « "Vivre ensemble" et droits des libertés », *AJDA*, 2020, p. 2009

BIRNBAUM (P.), « La force de l'Etat à la française », *Pouvoirs*, 2021, n° 177, p. 17

BLANC (Y.), « La reconnaissance d'utilité publique : du privilège régalien à l'assurance qualité », *Administration*, 1997, n° 176, p. 91 à 94

BLANCHON (C.), « Le service public et les associations au secours de la République », *AJDA*, 2021, p. 2072

BOINNARD (L.), « Quel rôle pour le juge face à la désobéissance civile ? », *RFDC*, 2022, n° 132, p. 795

BONELLI (L.) & RAGAZZI (F.), « La lutte contre la "radicalisation". Genèse et expansion d'un nouveau lieu commun administratif en France et dans l'Union Européenne », *Archives de politique criminelle*, 2019, n° 41, p. 119

BORGETTO (M.), « L'articulation des droits et des devoirs dans le champ de la protection sociale », *RDSS*, 2009, p. 5

BOUDOU (G.), « Autopsie de la décision du Conseil constitutionnel du 17 juillet 1971 sur la liberté d'association », *RFDC*, 2014, n° 97, p. 5

BREJON (R.), « Une association bénéficiant de subventions publiques peut-elle former à la désobéissance civile ? », *AJDA*, 2024, p. 446

BUCAU (P.), « Politique associative - Redirection écologique - Quand le contrat d'engagement républicain devient une menace… », *JA*, 2022, n° 655, p. 43

BURDEAU (F.), « Les symboles de la République », *Pouvoirs*, 2002, n° 100, p. 87

CAILLOSSE (J.), « Le "public" du droit administratif. Une catégorie juridique pour l'action publique », *in Terres du droit. Mélanges en l'honneur de Yves Jégouzo*, Dalloz, coll. « Mélanges », 2009, p. 383

CALVES (G.), « Femme voilée sur une affiche : la laïcité de la République n'est pas en danger », *AJDA*, 2022, p. 1462

CALVES (G.), « Laïcité (charte régionale des valeurs de la République) : illégalité partielle », *D.*, 2018, p. 2309

CARDOSO (A.), « Maintenir le cap féministe face aux transformations du monde associatif », *in* HELY (M.) &

SIMONET (M.) (dir.), *Monde associatif et néolibéralisme*, PUF-Vie des idées, 2023, p. 35

CHAUVIERE (M.), « Les solidarités familiales comme espace de tensions entre droits et devoirs », *RDSS*, 2009, p. 53

CHEVALLIER (J.), « La gouvernance et le droit », *in Mélanges Paul Amselek*, Bruylant, 2005, p. 189

CLAVAGNIER (B.), « Juridique - Financement public - Les subventions conditionnées à un engagement républicain », *JA*, 2021, n° 648, p. 33

CLAVAGNIER (B.), « Un guide qui explique… mais ne rassure pas ! », *JA*, 2023, n° 678, p. 3

COURTET (M.-C.) & COUARD (J.), « Principes républicains - La loi a un an : bilan d'un texte controversé », *JA*, 2023, n° 671, p. 33

COUSSIRAT-COUSTERE (V.), « Article 11 § 2 », *in* PETTITI (L.-E.) et *al.* (dir.), *La Convention européenne des droits de l'homme. Commentaire article par article*, Economica, 2ème éd., 1999, p. 431

DAVID (P.), « Le contrat d'engagement républicain dans le prétoire », note sous TA Poitiers, 30 nov. 2023, *Préfet de la Vienne*, nos 2202694 & 2202695, *JCP A*, 2024, n° 22 (à paraître)

DE JOTEMPS (A. S.), « Mécénat : les manques de la loi Séparatisme relatifs au contrôle mis en place », *JA*, 2021, n° 646, p. 13

DELFINI (A.), ELFAOUZ (N.) & TALPIN (J.), « Domestiquer la critique. La restriction des libertés associatives dans la France contemporaine », *Délibérée*, 2021, n° 14, p. 51

DELPECH (X.), « Juridique - Respect des principes de la République - Aspects de droit des associations », *JA*, 2021, n° 644, p. 33

DELPECH (X.), « Retrait d'agrément : revue de jurisprudence », *JA*, 2024, n° 693, p. 28

DUPRE DE BOULOIS (X.), « La critique doctrinale des droits de l'homme », *RDLF*, 2020, chron. n° 38 [en ligne]

ELBAZ (M.) & HELLY (D.), « Modernité et postmodernité des identités nationales », *Anthropologie et sociétés*, 1995, n° 3, p. 15

EOCHE-DUVAL (C.), « La liberté de conscience : quelle effectivité ? », *RFDA*, 2021, p. 501

FONDIMARE (E.), « Républicanisme versus écologisme. Quelle place pour la désobéissance civile écologiste à l'heure du contrat d'engagement républicain ? À propos du jugement du tribunal administratif de Poitiers du 30 novembre 2023, *Préfet de la Vienne*, n°s 2202694, 2202695 », *RevDH*, 29 janv. 2024 [en ligne]

FOREY (E.), « Le contrat d'engagement républicain : quels changements pour les associations ? », *Revue du droit des religions*, 2022, n° 13, p. 41 [en ligne]

FRAISSE (L.), « Des contributions associatives à la démocratie aux menaces sur la liberté d'association », *JA*, 2022, n° 669, p. 27

GABORIAUX (C.), « La République et les groupements privés d'intérêt général (1870-1914) : une enquête dans les archives du Conseil d'État », *in* Comité d'Histoire du Conseil d'Etat et de la juridiction administrative, *Conférences « Vincent Wright » et table ronde « La loi du 24 mai 1872, 150 ans après »*, La documentation française, 2022, vol. 9, p. 81

GALLO (C.), « Nature juridique et régime contentieux de la subvention : à propos de quelques décisions récentes », *RFDA*, 2022, p. 477

GARRIGOU-LAGRANGE (J.-M), « Les associations reconnues d'utilité publique », *in L'association. Septième journée René Savatier*, PUF, coll. « Publications de la faculté de droit et des sciences sociales de Poitiers », 2002, p. 59

GAZAGNE-JAMMES (V.), « Le "républicanisme militant", une certaine conception de la démocratie militante française. Réflexions autour du projet de loi confortant les principes républicains », *RDLF*, 2021, chron. n° 09 [en ligne]

GAZAGNE-JAMMES (V.), « Le vivre-ensemble : exigence supérieure ou droit subjectif ? », *RDLF*, 2019, chron. n° 30 [en ligne]

GAZAGNE-JAMMES (V.), « Réflexions sur l'intitulé initial de la loi sur le respect des principes de la République, dite Loi contre le séparatisme et "les atteintes à la citoyenneté" », *RevDH*, 2022, n° 22 [en ligne]

GIRAUD (T.), « Contrat d'engagement républicain – Refus de subvention : des motifs politiques au détriment du droit », *JA*, 2024, n° 696, p. 11

GOESEL-LE BIHAN (V.), « La liberté d'association : triple test à tous les étages ? », *AJDA*, 2022, p. 1185
GOURDEAU (C.), « Un contrat au service de l'identité nationale », *Plein droit*, 2016, n° 110, p. 34
GROSSHOLZ (C.), « Pourquoi condamner la ségrégation sexuelle lorsque l'on peut galvauder le principe de laïcité ? », *AJDA*, 2023, p. 727
GUERARD DE LATOUR (S.), « Le rôle de l'identité nationale dans le républicanisme critique », *Le Philosophoire*, 2015, n° 43, p. 74
GUERRINI (M.), « La cohésion nationale : théâtre de l'objectivation des droits fondamentaux », *RDLF*, 2021, chron. n° 03 [en ligne]
GUILLOIS (T.) & CHEVALIER (J.), « Contrat d'engagement républicain : un contrat… à trois ! », *JA*, 2023, n° 673, p. 3
HALBA (B.), BANGOURA (K.) & ELIO (N.), « Financement - Lutte contre le financement du terrorisme - Les associations concernées ! », *JA*, 2022, n° 665, p. 41
HENNETTE VAUCHEZ (S.), « Après la loi "séparatismes" : que reste-t-il des libertés associatives ? », *in Pouvoir et contre-pouvoirs. Mélanges en l'honneur du professeur Bertrand Mathieu*, LGDJ, coll. « Mélanges », 2023, p. 239
HENNETTE VAUCHEZ (S.), « Les nouvelles frontières de la laïcité : la conquête de l'Ouest ? », *Revue du droit des religions*, 2017, n° 4, p. 19 [en ligne]
HENNETTE VAUCHEZ (S.), « L'Etat néo-libéral face à lui-même », *AJDA*, 2022, p. 570
HENNETTE VAUCHEZ (S.), « Lutte contre les séparatismes et liberté d'association », *Etudes*, 2022, n° 9, p. 57
HIEZ (D.) & ESIM (S.), « Le contrat d'engagement républicain : un constat de désengagement républicain », *RECMA, Revue internationale de l'économie sociale*, n° 364, 2022, p. 7
HIEZ (D.), « Le contrat d'engagement républicain : l'approfondissement d'une figure connue », *RTD com.*, 2022, p. 103
IVERNIZZI ACCETTI (C.) & ZUCKERMAN (I.), « What's Wrong with Militant Democracy ? », *Political Studies*, vol. 65, 2017, p. 182

JOUANJAN (O.), « L'État de droit démocratique », *Jus Politicum*, 2019, n° 22 [en ligne]
KESSLER (D.), « La laïcité », *Pouvoirs*, 2002, n° 100, p. 33
KOSSONOGOW (M.) & BENACEUR (S.), « Projet de loi confortant les principes de la République : le Gouvernement à l'assaut de la liberté d'association ? », *RevDH*, fév. 2021 [en ligne]
LACHAUME (J.-F.), « Fédérations sportives et principes de la République », *JS*, 2021, n° 225, p. 32
LE BRIS (C.), « La contribution du droit à la construction d'un "vivre ensemble" : entre valeurs partagées et diversité culturelle », *Droit et société*, 2016, n° 92, p. 75
LECOQ-PUJADE (B.), « Loi confortant le respect des principes de la République : nouvelles réflexions sur l'applicabilité des principes de neutralité et de laïcité aux élus locaux », *JCP A*, 2021, n° 49, p. 2367
LECUYER (Y.), « La subversion du droit par les idées d'extrême-droite : les nouvelles lois scélérates », *RDLF*, 2023, chron. n° 50 [en ligne]
LOEWENSTEIN (K.), « Militant Democracy and Fundamental Rights », *The American Political Science Review*, vol. 31, 1937, n° 3, p. 417 à 432 (partie I) [article retranscrit *in* SAJO (A.) (dir.), *Militant democracy*, Eleven International Publishing, 2004, p. 231].
LOEWENSTEIN (K.), « Militant Democracy and Fundamental Rights », *The American Political Science Review*, vol. 31, 1937, n° 4, p. 638 à 658 (partie II) [article retranscrit *in* SAJO (A.) (dir.), *Militant democracy*, Eleven International Publishing, 2004, p. 245]
MARCOU (G.), « Le principe d'indivisibilité de la République », *Pouvoirs*, 2002, n° 100, p. 45
MATHIEU (B.), « Etude de la loi du 10 janvier 1936 relative aux groupes de combat et aux milices privées », *Revue actualité juridique française*, 1999 [en ligne]
MEKKI (M.), « Le discours du contrat : quand dire, ce n'est pas toujours faire », *RDC*, 2006, p. 297
MORANGE (J.), « Les associations », *RFDA*, 2021, p. 824
MOUNIN (G.), « La linguistique comme science auxiliaire dans les disciplines juridiques », *Archives de Philosophie du Droit*, 1974, t. 19, p. 12

MULLER (J.-W.), « Dépasser la "démocratie militante" ? », *Agone*, 2013, n° 50, p. 221 [Trad. P.-E. RAVIART]

NELIDOFF (P.), « Les premières interprétations de la loi du 9 décembre 1905 par le Conseil d'Etat », *in Cinquante ans de contentieux publics. Mélanges en l'honneur de Bernard Pacteau*, Mare & Martin, coll. « Mélanges », 2018, p. 577

OGIEN (A.), « La désobéissance civile peut-elle être un droit ? », *Droit et société*, 2015, n° 91, p. 579

PASTENE (M.), « Le contrat d'engagement républicain, le préfet et le climat », *JA*, 2022, n° 667, p. 33

PECH (L.), « Du respect des symboles de la République imposé par la loi », *Communication Commerce électronique*, 2003, n° 5, p. 16

PFRUNDER (F.), « De la liberté au contrôle », *JA*, 2022, n° 667, p. 16

PFRUNDER (F.), « La subvention, outil de partenariat et de confiance », *JA*, 2021, n° 636, p. 18

PFRUNDER (F.), « Une logique du tout-contrôle illusoire », *JA*, 2022, n°653, p. 16

PHILIPPE (J.), « De la distinction des genres : contrat légalement formé et législation contractuellement présentée », *RTD civ.*, 2007, p. 503

PINON (S.), « Laïcité, que d'erreurs on commet en ton nom ! », *Pouvoirs*, 2021, n° 177, p. 143

POLICAR (A.), « De la communauté au communautarisme ? », *Raison présente*, 2006, n° 159, p. 81

POMEY (M.), « Le contrôle par le Conseil d'Etat des associations reconnues d'utilité publique », *EDCE*, 1980-1981, n° 32, p. 135 [actualisation : 1er janv. 1982]

PREVOST (L.) & DE JOTEMPS (A. S.), « Contrat d'engagement républicain : le cadre nouveau des relations entre État et associations », *JA*, 2022, n° 653, p. 17

RAMBAUD (R.), « La loi du 10 janvier 1936 sur les groupes de combat et milices privées (article L. 212-1 du Code la sécurité intérieure) : une arme de dissolution massive », *RDLF*, 2015, chron. n° 20 [en ligne]

RAMBAUD (R.), « Quel contrôle du Conseil d'Etat sur la dissolution administrative d'associations (art. L. 212-1 du code de la

sécurité intérieure) ? De la loi du 10 janvier 1936 sur les groupes de combat et milices privées au projet de loi confortant le respect des principes de la République », *RDLF*, 2020, chron. n° 85 [en ligne]
RIVERO (J.), « La notion juridique de laïcité », *D.*, 1949, chron. p. 137
ROCHFELD (J.), « Contrat de responsabilité parentale », *RTD civ.*, 2006, p. 395
ROCHFELD (J.), « D'une nouvelle manifestation du contrat pédagogique ? le contrat d'accueil et d'intégration », *RDC*, 2008, p. 193
ROCHFELD (J.), « Le contrat de responsabilité parentale, une nouvelle figure du contrat pédagogique », *RDC*, 2006, p. 665
ROCHFELD (J.), « Le PARE ou les virtualités du "contrat pédagogique" », *RDC*, 2005, p. 257
ROLIN (F.), « Les visages menaçants du nouveau contractualisme : le contrat de responsabilité parentale », *RDSS*, 2007, p. 38
ROMAN (D.), « La responsabilisation de l'individu : quel équilibre entre droits et devoirs ? », *in* BORGETTO (M.) et *al.* (dir.), *Quelle(s) protection(s) sociale(s) demain ?*, Dalloz, coll. « Thèmes et commentaires », 2016, p. 233
ROMI (R.), « Des mots et des images : libres propos sur l'impuissance publique du droit », *in Environnements. Mélanges en l'honneur du Professeur Jean-Philippe Colson*, Presses universitaires de Grenoble, 2004, p. 81
ROUILLER (C.), « Dissolution d'associations et de collectifs : les limites des pouvoirs gouvernementaux… et du contrôle du juge », *RDLF*, 2024, chron. n° 4 [en ligne]
RUDELLE (O.), « La tradition républicaine, champ de bataille de la concitoyenneté », *Pouvoirs*, 2002, n° 100, p. 111
SALEMKOUR (M.), « La liberté associative, un acquis démocratique à garantir », *JS*, 2022, n° 229, p. 12
SENOUX-DUMARTIN (Y.), « La portée de la loi du 24 août 2021 », *RFDA*, 2024, p. 87
SIMARD (A.), « L'échec de la Constitution de Weimar et les origines de la "démocratie militante" en R.F.A. », *Jus Politicum*, n° 1 [en ligne]

SUPIOT (A.), « La contractualisation de la société », *Courrier de l'environnement de l'INRA*, 2001, n° 43 [en ligne]
TAJADURA TEJADA (J.), « La doctrine de la Cour européenne des droits de l'homme sur l'interdiction des partis politiques », *RFDC*, 2012/2, n° 90, p. 339
THOURY (C.), « Les libertés associatives sont-elles remises en question ? », *JA*, 2021, n° 650, p. 18
TOUZEIL-DIVINA (M.), « La "nouvelle" laïcité des associations : plus républicaine que la République et toujours plus latitudinaire », *AJCT*, 2021, p. 457
VALTICOS (N.), « Article 11 », *in* PETTITI (L.-E.) et *al.* (dir.), *La Convention européenne des droits de l'homme. Commentaire article par article*, Economica, 2ème éd., 1999, p. 419
VILLENEUVE (P.), « Appliquer et contrôler le contrat d'engagement républicain. Conseil et bonnes pratiques à l'attention des collectivités territoriales », *JCP A*, n° 34, 2022, p. 2235
VILLENEUVE (P.), « De la "lutte contre les séparatismes" aux "principes républicains", quels futurs enjeux pour les collectivités ? », *AJCT*, 2020, p. 552
VILLENEUVE (P.), « Décryptage de la loi du 24 août 2021 confortant le respect des principes de la République », *AJCT*, 2021, p. 392

VII. AVIS, COMPTES RENDUS, ETUDES & RAPPORTS

CERFA n° 12156*06, formulaire unique de demande de subvention(s) dans sa version de décembre 2022
CNCDH, Avis sur la création du Revenu Universel d'Activité, n° A-2020-9 du 23 juin 2020
CNCDH, avis sur le projet de loi confortant le respect des principes de la République n° A-2021-1 du 28 janv. 2021 (JO 14 fév. 2021)
CNCDH, second avis sur le projet de loi confortant le respect des principes de la République, n° A-2021-4 du 25 mars 2021 (JO 4 avr. 2021)
Conseil d'Etat, avis sur le projet de loi confortant les principes de la République, 3 déc. 2020, n° 401549

Conseil d'Etat, *Le contrat, mode d'action publique et de production de normes*, La documentation Française, coll. « EDCE », 2008, n° 59, 398 p.

Conseil d'Etat, *Les associations et la loi de 1901, cent ans après*, La documentation Française, coll. « EDCE », 2000, n° 51, 422 p.

Conseil d'Etat, Sect. de l'Intérieur, *Recueil de jurisprudence sur les statuts types des associations reconnues d'utilité publique*, version du 1er janv. 2023, 95 p. [disponible en ligne sur le site du Conseil d'Etat : www.conseil-etat.fr]

Conseil d'Etat, Sect. de l'Intérieur, *Recueil de jurisprudence sur les statuts types des fondations d'utilité reconnues publique*, version du 1er janv. 2023, 111 p. [disponible en ligne sur le site du Conseil d'Etat : www.conseil-etat.fr]

Conseil national de l'évaluation des normes, délibération n° 20-11-23-02373 du 23 nov. 2020

Conseil national de l'évaluation des normes, délibération n° 21-11-25-02682 du 25 nov. 2021

Défenseur des droits, avis n° 21-01 du 12 janv. 2021

Etude d'impact sur le projet de loi confortant le respect des principes de la République, 8 déc. 2020 [NOR : INTX2030083L]

HCVA, avis concernant le projet de décret pris pour l'application de l'article 10-1 de la loi n° 2000-321 du 12 avril 2000 et approuvant le contrat d'engagement républicain des associations et fondations bénéficiant de subventions publiques ou d'un agrément de l'État, 3 déc. 2021

HCVA, avis concernant le projet de loi confortant les principes républicains, 2 déc. 2020

Observatoire des libertés associatives, « Une nouvelle chasse aux sorcières. Enquête sur la répression des associations dans le cadre de la lutte contre l'islamisme », rapport publié le 1er fév. 2022 [en ligne]

Rapport de M. F. BOUDIE (n° 4156 à l'Assemblée nationale) et de Mmes J. EUSTACHE-BRINIO et D. VERIEN (n° 590 (2020-2021) au Sénat) fait au nom de la commission mixte paritaire chargée de proposer un texte sur les dispositions restant en discussion du projet de loi confortant le respect des principes de la République et de lutte contre le séparatisme, 12 mai 2021

Rapport du ministère de l'Intérieur et des Outre-Mer, « Loi confortant le respect des principes de la République : premier bilan et perspectives, un an après sa promulgation », 7 oct. 2022

Rapport n° 3797 rect., fait au nom de la commission spéciale chargée d'examiner le projet de loi confortant le respect des principes de la République, par M. F. BOUDIE, t. 1, Assemblée nationale, 25 janv. 2021

Rapport n° 4239, fait au nom de la commission spéciale, chargée d'examiner le projet de loi, modifié par le Sénat après engagement de la procédure accélérée, confortant le respect des principes de la République et de lutte contre le séparatisme, par M. F. BOUDIE, Assemblée nationale, 9 juin 2021 (deux tomes)

Rapport n° 744 (2020-2021) de Mmes J. EUSTACHE-BRINIO et D. VÉRIEN, fait au nom de la commission des lois, Sénat, 7 juillet 2021

Rapport n° 454 (2020-2021) de Mmes J. EUSTACHE-BRINIO et D. VÉRIEN, fait au nom de la commission des lois, Sénat, 18 mars 2021 (deux tomes)

VIII. LEGISLATION, REGLEMENTATION, CIRCULAIRES & AUTRES

Loi du 1er juillet 1901 relative au contrat d'association

Loi n° 2000-321 du 12 avril 2000 relative aux droits des citoyens dans leurs relations avec les administrations

Loi n° 2021-1109 du 24 août 2021 confortant le respect des principes de la République (dite « CRPR »)

Décret du 16 août 1901 pris pour l'exécution de la loi du 1er juillet 1901 relative au contrat d'association

Décret n° 2021-1947 du 31 décembre 2021 pris pour l'application de l'article 10-1 de la loi n° 2000-321 du 12 avril 2000 et approuvant le contrat d'engagement républicain des associations et fondations bénéficiant de subventions publiques ou d'un agrément de l'Etat

Circulaire du ministre de l'Intérieur et des Outre-mer du 10 oct. 2022 relative au contrat d'engagement républicain des associations et fondations bénéficiant de subventions publiques ou d'un agrément de l'Etat [circulaire révélée et publiée par le journal en ligne *Mediapart*]

Le contrat d'engagement républicain (CER). Guide pratique, Ministère de l'Intérieur, Direction des Libertés publiques et des Affaires juridiques, fév. 2023 [disponible en ligne sur www.associations.gouv.fr]

*

Guide sur l'article 11 de la Convention européenne des droits de l'homme*. Liberté de réunion et d'association*, Cour européenne des droits de l'homme, version du 31 août 2022, 60 p. [disponible en ligne sur le site de la Cour : www.echr.coe.int]

IX. DECISIONS JURIDICTIONNELLES

Cons. const, décision n° 71-44 DC du 16 juill. 1971, *Loi complétant les dispositions des articles 5 et 7 de la loi du 1er juillet 1901 relative au contrat d'association*, dite « liberté d'association »

Cons. const., décision n° 2016-535 QPC du 19 fév. 2016, *Ligue des droits de l'Homme*

Cons. const., décision n° 2021-823 DC du 13 août 2021, *Loi confortant le respect des principes de la République*

CE, ass., 31 oct. 1952, *Ligue pour la protection des mères abandonnées*, n° 93377, *Leb*. p. 480

CE, ass., 11 juill. 1956, *Amicale des Annamites de Paris et sieur Nguyen-Duc-Frang*, n° 26638

CE, 9 oct. 1992, *Commune de Saint-Louis c. Association Siva Soupramanien de Saint-Louis*, n° 94455, *Leb*. p. 358

CE, 25 sept. 1995, *Association Connaître et Informer pour Valoriser l'Importance des Citoyens*, n° 155970, *Leb. T*. p. 694

CE, 5 juill. 2010, *Chambre de Commerce et d'Industrie de l'Indre*, n° 308615

CE, avis, 29 mai 2019, *SAS Royal Cinéma*, n° 428040

CE 4 octobre 2021, *Agence de l'eau Rhône Méditerranée Corse*, n° 438695

CE, 9 déc. 2021, *FranceAgriMer* n° 433968

CE, ord., 4 mars 2022, *Ligue des droits de l'Homme et a*., n° 462048

CE, ord., 4 mars 2022, *Union syndicale Solidaires et a.*, n° 461961
CE, ord., 10 mars 2022, *Commune de Chalon-sur-Saône*, n° 462140
CE, 30 juin 2023, *Union syndicale Solidaires et a.*, n° 461962 et a.
CAA Versailles, 17 janv. 2023, *Association Centre de loisirs ChnéOr*, n° 20VE02332
TA Dijon, ord., 4 mars 2022, n° 2200610
TA Lyon, ord., 20 mai 2022, *Ligue des droits de l'Homme*, n° 2203794
TA Lille, 15 juill. 2022, *Pastel FM*, n° 1906605
TA Poitiers, 30 nov. 2023, *Préfet de la Vienne*, n°s 2202694 & 2202695

X. DISCOURS & COMMUNICATIONS POLITIQUES

« **La République en actes** », discours du Président de la République sur le thème de la lutte contre les séparatismes, Les Mureaux, 2 oct. 2020 [disponible sur le site officiel de la Présidence de la République française : https://www.elysee.fr/]
« **Protéger les libertés en luttant contre le séparatisme islamiste** », conférence de presse du Président de la République, Mulhouse, 18 fév. 2020 [disponible sur le site officiel de la Présidence de la République française : https://www.elysee.fr/]

XI. SELECTION D'ARTICLES DE PRESSE

- « Angers. Au conseil municipal, un pacte républicain qui a l'effet d'un boomerang », *Le Courrier de l'Ouest*, 27 juin 2022 [consulté le 18 mai 2023]
- « Antonio Delfini et Julien Talpin : La répression des associations constitue l'ultime facette d'un mépris postdémocratique assumé », *Le Monde*, 21 avril 2023
- « Burkini : une association de Beaubreuil rappelée à l'ordre par la municipalité de Limoges », *Le Populaire du Centre*, 14 déc. 2022 [consulté le 18 mai 2023]
- « Ces maires qui défient l'Etat : retour au militantisme », *La Gazette des communes*, 2 fév. 2023 [consulté le 10 fév. 2023]

- « Contre des ateliers de "désobéissance civile", le préfet de la Vienne dégaine la loi "séparatisme" », *Mediapart*, 20 sept. 2022 [consulté le 21 déc. 2022]
- « Des élus peuvent-ils avoir la peau d'un préfet ? », *La Gazette des communes*, 5 janv. 2023 [consulté le 18 mai 2023]
- « La désobéissance civile relève de la liberté d'expression », *Le Club de Mediapart - Blog d'Alternatiba*, 23 sept. 2022 [consulté le 21 déc. 2022]
- « Laïcité : les acteurs sportifs cherchent le mode d'emploi », *La Gazette des communes*, 10 mai 2023 [consulté le 18 mai 2023]
- « La loi "séparatisme" invoquée en Corrèze contre des associations écologistes », *Mediapart*, 30 déc. 2022 [consulté le 30 déc. 2022]
- « La MRES convoquée en préfecture pour un rappel aux "principes républicains" », *Nord Eclair*, 6 janv. 2023 [consulté le 11 janv. 2023]
- « La répression de la désobéissance civile se généralise », *Mediapart*, 13 janv. 2023 [consulté le 16 janv. 2023]
- « La Ville annonce par communiqué qu'elle coupe les vivres à l'Académie de boxe citoyenne », *L'Echo Républicain*, 4 mars 2023 [consulté le 6 mars 2023]
- « L'Etat n'a pas à scruter les consciences des individus », *La Gazette des communes*, 16 janv. 2023 [consulté le 16 janv. 2023]
- « Le contrat d'engagement républicain, outil de mise au pas du monde associatif », *Mediapart*, 16 mai 2024 [consulté le 18 mai 2024]
- « Le Mouvement associatif appelle à abroger le contrat d'engagement républicain », *Mediapart*, 26 janv. 2023 [consulté le 1er fév. 2023]
- « Ligue des droits de l'Homme : "Les financements du milieu associatif sont en péril" », *La Gazette des communes*, 2 mai 2023 [consulté le 17 mai 2023]

- « Poitiers : Le préfet saisit le tribunal administratif après les "ateliers de désobéissance civile" d'Alternatiba », *20 minutes*, 28 oct. 2022 [consulté le 13 nov. 2022]
- « "Prosélytisme religieux" : une association asphyxiée par le poison de la rumeur », *Mediapart*, 23 fév. 2023 [consulté le 6 mars 2023]
- « Roubaix : une association pour la jeunesse accusée de prosélytisme dans "Zone interdite", la préfecture confirme un arrêt des subventions », *Le Parisien*, 24 janv. 2022 [consulté le 24 mai 2023]
- « Séparatisme : itinéraire d'un mot chargé », *Mediapart*, 8 sept. 2020 [consulté le 12 janv. 2023]
- « "Séparatisme" : l'Assemblée rabote la liberté associative », *Mediapart*, 9 fév. 2021 [consulté le 21 déc. 2022]
- « Soutien à une association accusée de prosélytisme islamique : le maire de Roubaix admet avoir pu se "tromper" », *Le Figaro*, 24 janv. 2022 [consulté le 24 mai 2023]
- « Une association de Beaubreuil avait organisé une sortie piscine contestée à Saint-Junien », *Le Populaire du Centre*, 15 déc. 2022 [consulté le 21 déc. 2022]

TABLE DES MATIERES

Remerciements 7

Préface 9

Principales abréviations 13

Sommaire 15

INTRODUCTION 17

§1. L'objet de l'étude 27

A. La loi du 24 août 2021 28

B. Le décret du 31 décembre 2021 32

§2. L'intérêt de l'étude 34

§3. Le plan de l'étude 40

PARTIE I : LE CONTRAT D'ENGAGEMENT REPUBLICAIN COMME OBJET JURIDIQUE 43

CHAPITRE I : L'objet du contrat d'engagement républicain 45

Section I : La modification du régime de la reconnaissance d'utilité publique et de l'agrément 46

§1. L'apport au régime de la reconnaissance d'utilité publique 46

A. Les attentes 47

B. Les tempéraments 52

§2. L'apport au régime de l'agrément de l'Etat 57

A. La modification du régime général de l'agrément 57

B. La modification de régimes particuliers..... 63

1. La modification du régime de l'agrément « service civique ».. 64

2. La modification du régime de l'agrément des fédérations sportives 65

3. La modification du régime de l'agrément « jeunesse et éducation populaire » 66

Section II : La modification du régime de la subvention publique 68

§1. L'apport au régime de la subvention publique... 69

§2. Un apport à relativiser...................... 80

Conclusion du Chapitre I.................... 88

CHAPITRE II : La nature du contrat d'engagement républicain 91

Section I : L'unilatéralité du dispositif 92

§1. L'absence de lien contractuel.............. 92

A. Un dispositif déconnecté de la notion juridique de contrat 92

B. Un dispositif applicable à des actes unilatéraux 96

§2. Les équivoques engendrées.................. 99

Section II : Un habillage contractuel 105

§1. L'instauration d'une logique contractuelle.. 105

A. Le « discours du contrat » 106

B. L'objet du discours 111

§2. L'instauration d'une logique de responsabilisation 113

A. Les soubassements de la logique 114

B. Une logique répandue....................... 118

Conclusion du Chapitre II.................... 123

CONCLUSION de la Partie I 125

PARTIE II : LE CONTRAT D'ENGAGEMENT REPUBLICAIN COMME INSTRUMENT D'UNE POLITIQUE PUBLIQUE 127

CHAPITRE I : La finalité du contrat d'engagement républicain 129

Section I : Un objectif : raffermir la cohésion nationale 131

§1. Le contrat d'engagement républicain, produit d'un « républicanisme militant » 131

A. Signification de la théorie..................... 132

B. L'application de la théorie au contrat d'engagement républicain 137

§2. Les « principes républicains », leviers de la cohésion nationale 142

Section II : Les limites du dispositif 149

§1. Une incertitude : la réalité de l'adhésion aux principes républicains 149

A. La souscription au contrat d'engagement républicain, une coquille vide ? 150

B. Un dispositif incomplet ?........................ 153

§2. Un paradoxe : le contrat d'engagement républicain comme facteur de dissensions 158

A. L'hypothèse d'un dispositif conflictuel........ 159

B. La vérification de l'hypothèse.................. 163

Conclusion du Chapitre I....................... 169

CHAPITRE II : Les libertés associatives au défi du contrat d'engagement républicain 171

Section I : Un dispositif dirigiste ? 172

§1. Un outil d'encadrement des activités associatives 173

§2. Un outil menaçant le pluralisme associatif... 184

A. Le risque d'un appauvrissement matériel..... 186

B. Contrat d'engagement républicain et dissolution administrative 190

C. Un glissement des règles applicables au service public vers les associations et les fondations ? 194

Section II : Un outil politique ? 198

§1. Les usages politiques négatifs.................. 199

§2. Les usages politiques positifs.................. 204

Conclusion du Chapitre II 208

CONCLUSION de la Partie II................... 210

CONCLUSION GENERALE.................. 213

Annexe – Le contrat d'engagement républicain 217

Bibliographie................................. 223

Table des matières 241

Structures éditoriales du groupe L'Harmattan

L'Harmattan Italie
Via degli Artisti, 15
10124 Torino
harmattan.italia@gmail.com

L'Harmattan Hongrie
Kossuth l. u. 14-16.
1053 Budapest
harmattan@harmattan.hu

L'Harmattan Sénégal
10 VDN en face Mermoz
BP 45034 Dakar-Fann
senharmattan@gmail.com

L'Harmattan Cameroun
TSINGA/FECAFOOT
BP 11486 Yaoundé
inkoukam@gmail.com

L'Harmattan Burkina Faso
Achille Somé – tengnule@hotmail.fr

L'Harmattan Guinée
Almamya, rue KA 028 OKB Agency
BP 3470 Conakry
harmattanguinee@yahoo.fr

L'Harmattan RDC
185, avenue Nyangwe
Commune de Lingwala – Kinshasa
matangilamusadila@yahoo.fr

L'Harmattan Congo
219, avenue Nelson Mandela
BP 2874 Brazzaville
harmattan.congo@yahoo.fr

L'Harmattan Mali
ACI 2000 - Immeuble Mgr Jean Marie Cisse
Bureau 10
BP 145 Bamako-Mali
mali@harmattan.fr

L'Harmattan Togo
Djidjole – Lomé
Maison Amela
face EPP BATOME
ddamela@aol.com

L'Harmattan Côte d'Ivoire
Résidence Karl – Cité des Arts
Abidjan-Cocody
03 BP 1588 Abidjan
espace_harmattan.ci@hotmail.fr

Nos librairies en France

Librairie internationale
16, rue des Écoles
75005 Paris
librairie.internationale@harmattan.fr
01 40 46 79 11
www.librairieharmattan.com

Librairie des savoirs
21, rue des Écoles
75005 Paris
librairie.sh@harmattan.fr
01 46 34 13 71
www.librairieharmattansh.com

Librairie Le Lucernaire
53, rue Notre-Dame-des-Champs
75006 Paris
librairie@lucernaire.fr
01 42 22 67 13

www.ingramcontent.com/pod-product-compliance
Lightning Source LLC
LaVergne TN
LVHW011008061026
849535LV00006B/1770
* 9 7 8 2 3 3 6 4 6 8 9 7 6 *